期货投资者教育系列丛书

苹果期货

中国期货业协会 编

中国财经出版传媒集团
中国财政经济出版社

图书在版编目（CIP）数据

苹果期货 / 中国期货业协会编. --北京：中国财政经济出版社，2021.5（2023.2重印）
（期货投资者教育系列丛书）
ISBN 978-7-5223-0455-7

Ⅰ.①苹… Ⅱ.①中… Ⅲ.①苹果-期货交易-基本知识 Ⅳ.①F830.9

中国版本图书馆 CIP 数据核字（2021）第 053862 号

责任编辑：郁东敏　　责任校对：张　凡
封面设计：王　颖　　责任印制：刘春年

苹果期货
PINGGUO QIHUO

中国财政经济出版社 出版

URL：http：//www.cfeph.cn
E-mail：cfeph@cfeph.cn

社址：北京市海淀区阜成路甲 28 号　邮政编码：100142
营销中心电话：010-88191522
天猫网店：中国财政经济出版社旗舰店
网址：https：//zgczjjcbs.tmall.com
北京时捷印刷有限公司印刷　各地新华书店经销
成品尺寸：170mm×230mm　16 开　9.5 印张　143 000 字
2021 年 5 月第 1 版　2023 年 2 月北京第 2 次印刷
定价：26.00 元
ISBN 978-7-5223-0455-7
（图书出现印装问题，本社负责调换，电话：010-88190548）
本社质量投诉电话：010-88190744
打击盗版举报热线：010-88191661　QQ：2242791300

《期货投资者教育系列丛书》编委会

前 言

我国期货市场经过30年发展，经历了从无到有、从小到大、从乱到治，走出了一条独具特色的道路，取得了令人瞩目的成就。30年来，期货市场的规则体系不断完善，品种创新有序推进，风险管理工具进一步丰富，对外开放进程明显加快。期货市场的规模稳步扩大，市场投资者结构逐步优化，资产管理和风险管理等创新业务探索取得初步成效。期货市场整体运行质量和效率不断提高，价格发现和风险管理的基础功能得到发挥，在优化资源配置，促进产业升级，助力脱贫攻坚和维护国家经济金融安全等方面发挥着越来越重要的作用。

随着我国期货市场规模的不断发展壮大，新的市场参与者特别是个人投资者数量呈持续上升趋势。投资者是期货市场的重要主体，期货市场的发展离不开投资者的积极参与。中小投资者是我国现阶段资本市场的主要参与群体，但处于信息弱势地位，抗风险能力和自我保护能力较弱，合法权益容易受到侵害。维护中小投资者合法权益是证券期货监管工作的重中之重，关系广大人民群众的切身利益，是资本市场持续健康发展的基础。因此，当前我国期货市场正处于快速发展时期，做好投资者教育工作意义深远。

2013年，《国务院办公厅关于进一步加强资本市场中小投资者合法权益保护工作的意见》（以下简称《意见》）发布，指出要强化中小投资者教育，加大普及证券期货知识力度。为此，应将投资者教育逐步纳入国民教育体系，有条件的地区可以先行试点，充分发挥媒体的舆论引导和宣传教育功能。证券期货经营机构应当承担各项产品和服务的投资者教育义务，保障费用支出和人员配备，将投资者教育纳入各业务环节，提高投资者风险防范意识。自律组织应当强化投资者教育功能，健全会员投资者教育服务自律规则。中小投资者应当树立理性投资意识，依法行使权利和履行义务，养成良好投资习惯，不听信传言，不盲目跟风，提高风险防范意识和自我保护能力。2019 年 3 月，中国证监会、教育部联合印发了《关于加强证券期货知识普及教育的合作备忘录》（以下简称《合作备忘录》），旨在学校教育中大力普及证券期货知识，推动全社会树立理性投资意识，提升国民投资理财素质，维护社会和谐稳定。

随着《意见》的深入贯彻和落实，我国中小投资者保护工作取得了积极成效，围绕投资者教育工作，期货市场的监管部门、自律组织与中介机构都深入进行了大量形式多样、内容丰富、卓有成效的工作。由中国期货业协会（以下简称“协会”）组织编写的《期货投资者教育系列丛书》，就是协会按照中国证监会的统一部署，贯彻落实期货投资者教育工作的重要措施之一，也是协会积极响应《合作备忘录》要求，推动期货知识进校园、进课堂、纳入国民教育体系。本丛书是为期货投资者编写的一套普及性读物，以广大普通投资者为服务对象，兼顾了专业机构的需求，采取简单明了的问答体例，在语言上力争做到深入浅出、通俗易懂、可读性强。衷心地希望本丛书的出版能够为期货投资者了解期货市场、树立风险意识、理性参与期货交易提供有益的帮助。

在此，我们对所有在本丛书编写和出版过程中付出辛勤劳动的朋友表示衷心感谢。由于编写时间紧迫，书中错误和疏漏在所难免，恳请读者批评指正。

中国期货业协会

2021 年 5 月

目　录

第一章

了解苹果

本章要点

本章主要介绍了苹果的品种、生长发育特性、套袋、分级现状、价格形成机制，以及采后储存、流通等方面的内容。通过本章的介绍，投资者能对苹果这个产品有初步的认识，以便更好地理解和分析苹果期货的投资操作。

一、苹果的品种有哪些？

苹果树是一个古老的树种，全球苹果品种有7500多种，但生产中广泛栽培的品种只有百余个。目前，我国用于经济栽培的苹果品种有20多个，如以藤木、美八为代表的早熟品种，以嘎啦、红将军为代表的中熟品种，以富士、秦冠为代表的晚熟品种。

（一）富士苹果

富士苹果是日本农林水产省果树试验场盛冈分场于1939年以国光为母本、元帅为父本进行杂交，历经20余年，选育出的苹果优良品种，具有晚熟、质优、味美、耐贮等优点。

我国于1966年开始引进富士苹果。1980年春，农业部组织有关专家赴日本考察时，有选择地引入了长富2号、秋富1号和长富6号等几个着色好的富士品系的苗木和接穗，在苹果主产区的多个试点进行系统观察和研究。如今富士系苹果在我国已发展近百万公顷，在辽宁、山东、河北、北京、山西、陕西、天津、河南、江苏、安徽、甘肃等省市，均已代替了晚熟品种国光。

富士苹果的特点是体积大，平均单果重220克，最大果重650克；果形扁圆至近圆形，偏斜肩，果形指数0.8。果面光滑，无锈，果粉多，蜡质层厚，果皮中厚而韧；底色黄绿，着色片红或鲜艳条纹红；果点中多，黄白色，较小，圆形，锈色果点大，不规则凸出明显。果肉黄白色，致密细脆，多汁，酸甜适度，食之芳香爽口，可溶性固形物含量14.5%~15.5%，品质极上，果实极耐贮藏，在半地下窖可藏至翌年5月，在冷风库可藏至翌年7月。贮藏后香气更浓，风味更佳。果实发育期170~180天，10月中下旬采收，生理落果和采前落果很轻，成熟前无裂果现象。

小贴士

果形指数

果形指数，是指果实纵径与横径的比值，是果实的质量指标之一。通常果形指数0.6~0.8为扁圆形，0.8~0.9为圆形或近圆形，0.9~1.0为椭圆形或圆锥形，1.0以上为长圆形。

（二）金冠苹果和黄元帅苹果

金冠苹果，又名“金帅”“黄元帅”“黄香蕉”“华珍苹果”。河北唐山市、辽宁盖州市、山东、甘肃等地均有大量出产。

黄元帅苹果，果形呈长圆锥形，每斤果3个左右；成熟后果皮呈金苋，阳面带有红晕，皮薄无锈斑，有光泽；肉质细密，呈黄白色，汁液较多，味深醇香，甜酸适口。

（三）嘎啦苹果

嘎啦苹果又名“咖喱果”，由桔苹和元帅杂交而成，原产自新西兰，特点是果实鲜艳、肉质细脆、酸甜适口。嘎啦苹果经引进后，大面积栽种，逐渐成为我国中熟苹果的主栽品种。

嘎啦苹果果实中等大，单果重180～200克，短圆锥形，果面金黄色。阳面具浅红晕，有红色断续宽条纹，果型端正美观。果顶有五棱，果梗细长，果皮薄，有光泽。果肉浅黄色，肉质致密、细脆、汁多，味甜微酸，十分适口。品质上乘，较耐贮藏。幼树结果早，坐果率高，丰产稳产，容易管理。

（四）花牛苹果

花牛苹果，甘肃省天水市特产，系指产于该市大部分地区的元帅系优良品种苹果，为国家地理标志产品，被许多中外专家和营销商认可为与美国蛇果、日本富士齐名的世界三大著名苹果品牌。花牛苹果是中国在国际市场上首个获得正式商标的苹果品牌。

平均单果重260克左右，可溶性固形物含量12.5%～14%，可滴定酸0.2%～0.36%，去皮果肉硬度6.5kgf/cm^2。花牛苹果果实圆锥形，全面鲜红或浓红，色泽艳丽，色相片红或条红色，果实着色度90%～100%；果个整齐，果面光滑、亮洁；果形端正高桩，五棱突出明显，果形指数0.9～1.0；果肉黄白色，肉质细、致密、松脆，汁液多，风味独特，香气浓郁，口感好，品质上佳。

小贴士

可溶性固形物

可溶性固形物，主要是指可溶性糖类，包括单糖、双糖、多糖，我们喝的果汁可溶性固形物含量可以达到9%左右。测定可溶性固形物可以衡量水果成熟情况，以便确定采摘时间。

（五）美八苹果

美八即美国八号苹果，美国品种，1984 年引入河北果树研究所，在河北地区 8 月中旬成熟。该品种果实近圆形，大型果，平均果重 240 克，最大果重达 350 克，果面光洁无锈，底色乳黄，着鲜红色霞；果肉黄白，肉质细脆，多汁，风味酸甜适口，香味浓，可溶性固形物 14.0%，品质上等。

（六）红将军苹果

红将军苹果是从日本引进的早熟红富士的浓红型芽变，是一个非常优良的中熟品种。它的口感的确比较出众，果肉呈黄白色，质地比红富士略松、甜脆爽口、香气馥郁、皮薄多汁。但是它的外形却与传统的红富士极为相似。

红将军的果实近圆形，果个大，平均单果重 254 克，最大单果重 416 克，果形端正，果形指数 0.86，果面光洁，色泽艳丽。果肉黄白色，肉质细，松爽可口，汁多，甜酸适度；可溶性固形物含量 13.5%；着色早（8 月下旬即可着色），9 月中旬自然着色全红果可达 80% 以上，成熟期 9 月中旬。

（七）华冠苹果

华冠果实呈圆锥形，平均果重 170 克。果实底色绿黄，果面着有 1/2 ~ 2/3 鲜红色，带有红色连续条纹，延期采收可为全面红色，果面光洁无锈，果点稀疏、小；果肉淡黄色，肉质致密，脆而多汁，风味酸甜适中，有香味。可溶性固形物含量为 14.0% 左右，总糖含量为 11.9%。

（八）秦冠苹果

秦冠苹果是苹果的一个杂交品种。1957 年，由西北农林科技大学以丰产优质的金冠作母本，以结果早、极丰产、抗性强的鸡冠作父本进行有性杂交而成。

果大、色红、耐贮，果实 10 月中下旬成熟，平均单果重 230 克以上，短圆锥形，颜色暗红，在海拔 900 米冷凉地区果实全面鲜红，果皮较厚。经后熟，果肉细脆、汁多、味甜、风味芳香。含可溶性固形物 16.5%，含糖量13.03%，含酸量0.19%，VC含量2.31mg/100克，果肉硬度7.94kgf/cm^2，品质优于金冠及国光。果实在冷凉条件下可贮藏到翌年5月。

（九）国光苹果

国光苹果适应性强，坐果率高，丰产，晚熟耐贮，无采前落果，更新易，寿命长，深受果农欢迎，曾一度是日本、朝鲜等亚洲国家的主栽品种。

国光苹果个中等，平均果重150克，最大单果重240克，果实为扁圆形，大小整齐，底色黄绿，果粉多。果肉白或淡黄色，肉质脆，较细，汁多，味酸甜。此品种适应性、抗逆性强。但结果晚，味道偏酸，果实较小、果实着色欠佳。

（十）乔纳金苹果

乔纳金苹果是美国纽约州农业试验站用金冠和红玉杂交育成，已遍及我国主要苹果产区。果实圆锥形，单果重220～250克；底色绿黄或淡黄，阳面大部有鲜红霞和不明显的断续条纹；果面光滑有光泽，蜡质多，果点小，不明显；果肉乳黄色，肉质松脆（摘下储存一段时间后，变面），中粗，汁多，风味酸甜，稍有香气，含可溶性固形物14.0%左右，品质上乘。

（十一）寒富苹果

寒富苹果是沈阳农业大学于1978年以抗寒性强而果实品质差的东光为母本与果实品质极上而抗寒性差的富士为父本进行杂交，选育出的抗寒、丰产、果实品质优、短枝性状明显的优良苹果品种。

寒富苹果果实短圆锥形，果形端正，全面着鲜艳红色，特别是摘掉果袋经摘叶转果后，果色更美观。单果平均重250克以上，单果重最高达900克，是目前苹果当中单果重最大品种之一。果肉淡黄色，肉质酥脆，汁多味浓，有香气，品质上，耐贮性强。

（十二）红星苹果

红星苹果品种原产美国，青岛市1982年引进。主要分布于胶南市、莱西市、平度市和即墨市，是青岛地区的苹果主栽品种之一。

新红星苹果平均单果重190克，最高可达500克左右，果型指数为1.0左右，果实呈圆锥形。果面光滑，蜡质厚，果粉较多，萼洼深中广，五棱突起莽显著。果实初上色时出现明显的断续红条纹，随后出现红色霞，充分着色后全果浓红，并有明显的紫红粗条纹，果面富有光泽，十分鲜艳夺目，果点浅褐色或灰白色，果肩起伏不平；果肉淡黄色，松脆，果汁多，味甜。

苹果期货中的交割品为红富士苹果。红富士在我国所有栽种品种中最具代表性，具备口味好、晚熟、耐贮等优点，倍受市场青睐。根据中国果品流通协会提供的数据测算，目前红富士种植面积占我国苹果种植面积的50%以上，产量更是在苹果总产量中占到了70%以上。随着中国红富士产量的不断上升，全世界红富士产量已超过3000万吨，占世界苹果产量的一半以上，成为世界第一主栽品种。

延伸阅读

苹果的营养物质

苹果的性味温和，含有丰富的碳水化合物、维生素和微量元素，还含有糖、游离酸、果胶、钙、铁、磷、灰分及维生素A、维生素B和维生素C，这些物质都是人体日常生活不可缺少的，对维持人体健康起着重要作用。另外，苹果还含有苹果酸、酒石酸、胡萝卜素，是所有蔬果中营养价值最接近完美的一个。

苹果有“智慧果”“记忆果”的美称。人们早就发现，多吃苹果有增进记忆、提高智能的效果。苹果不仅含有丰富的糖、维生素和矿物质等大脑必需的营养素，而且更重要的是富含锌元素。据研究，锌是人体内许多重要酶的组成部分，是促进生长发育的关键元素；锌还是构成与记忆力息息相关的核酸与蛋白质的必不可少的元素；锌还与产生抗体、提高人体免疫力等有密切关系。苹果中的含水量为85%。苹果中含有多酚及黄酮类天然化学抗氧化物质和大量的粗纤维。

二、苹果树的生长发育时期有几个？

苹果树的寿命较长，经济利用年限也较长，按生长发育过程，苹果树要经过幼树期、初结果期、盛果期和衰老期四个时期（见图1－1）。

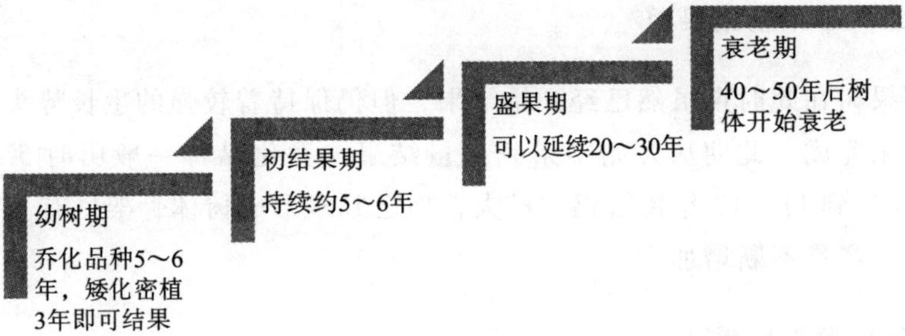

图1－1　苹果的生育时期

（一）苹果幼树期

苹果幼树期，是指苹果树从嫁接后品种芽萌发生长第一年起，直到第一次结果为止的时间段。此期间以营养生长为主，新梢生长旺盛，且生长量大，一般都在1米以上。苹果树各类枝的生长形成树体骨架和将来结果的群枝，逐年扩大树冠，占据地上的营养空间。与此同时，地下根系也迅速向土壤深层和四周伸展，形成比树冠还要大的根系。

苹果幼树期的长短与品种、砧木、栽培管理措施有关。在正常管理条件下，乔化品种5～6年就开始结果，矮化砧嫁接品种和短枝型品种3年即可开花结果。另外，栽培技术和环境条件也影响幼树期的长短。如修剪不当，造成幼树徒长；而氮肥过多，枝条不充实，难以形成花芽等，会使结果期推迟。在瘠薄土地上幼树生长量过小，树体生长缓慢，则结果期来得晚。

小贴士

嫁　接

嫁接是无性繁殖中的营养生殖的一种。嫁接时应当使接穗与砧木的形成层紧密结合，以确保接穗成活。接上去的枝或芽，叫作“接穗”；被接的植物体，叫作“砧木”。接穗一般选用有2~4个芽的苗，嫁接后成为植物体的上部或顶部，砧木嫁接后成为植物体的根系部分。

（二）苹果初结果期

苹果树在此时期虽然已经开始结果，但仍保持着较强的生长势头，整形任务尚未完成。此期从开始结果到大量结果，乔化品种一般历时5~6年，从5~6年到11~12年树冠仍在扩大，但已基本形成树体骨架，有了大量的结果枝，产量不断增加。

（三）苹果盛果期

苹果树在盛果期树体基本不再扩大，形成稳定的树形结构，外围新梢30~50厘米，以大量结果为主，是苹果树一生中结果最多的时期。此期的长短与栽培管理技术和立地条件的关系密切。在良好条件下，盛果期可延续20~30年。

（四）苹果衰老期

一般乔化苹果树40~50年后进入衰老期，这时新梢生长量很小，绝大部分外围梢形成顶芽。大枝也开始死亡，树冠内膛枝条大量枯死，从基部隐芽萌发长出徒长枝。虽能形成大量花芽，但坐果率极低。

延伸阅读

矮化密植

相对于传统的大冠稀植，苹果矮化密植具有进入结果期早、产量上升快、便于机械作业、降低果园劳动强度等优点。但是，矮化密植栽培对肥水条件要求较高，必须选择成花容易、进入结果期早的品种。另外，要实现机械化操作，代替人工劳作，降低果园劳动强度，果园必须有一定的种植规模。

三、苹果的物候期有哪些？

苹果作为落叶乔木果树，温带气候条件下随着一年四季的变化，植株体内有规律地进行一系列生命活动。一年内苹果植株会经过春季根系开始生长、芽萌动、开花、新梢生长、花芽分化、结果、成熟，最后冬季进入休眠等（见图 1－2）。

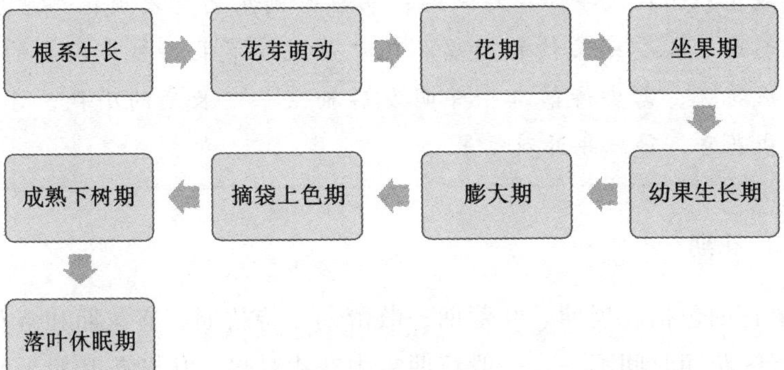

图 1－2　苹果的物候期

（一）根系生长

一般地温在 0℃以上时，就缓慢开始生长；当地温在 3℃左右时，须根即开始活动；15～25℃时根系活动最旺；超过 25℃时则生长活动渐趋缓慢；

当地温低于3℃或超过30℃时即逐渐停止生长。一般情况下，盛果期的果树每年有两次生长高峰，第一次生长高峰在5~6月，第二次生长高峰在8~10月。

（二）花芽萌动

苹果生长首先萌动的是花芽，而后是叶芽，花芽萌动期较叶芽萌动早7~15天。河南地区花芽萌动较早，一般多发生在3月上旬。不同品种花芽萌动期也有所不同，萌动最早和最晚的可相差10~23天。大多数品种从花芽萌动到开花约需1个月的时间，最长可达48天。

小贴士

苹果的结果习性

苹果的结果习性与桃、李、杏等核果类果树有很大差别。桃、李、杏等果树都具有很强的腋花芽结果能力，也就是说它们都是当年生新梢侧芽形成花芽而在次年开花结果的；而苹果则主要是以顶花芽结果为主，其花芽形成于各类结果枝的顶端。也就是说，苹果一般芽萌发的当年都不能形成花芽，需要待第二年芽萌发后抽生一定长度的小枝，才能在其顶端形成花芽，第三年开花结果。

（三）花期

苹果花期包括花展期、吐蕾期、散蕾期、待放期、盛花期和落花期。我国不同产区花期时间不一，一般花期集中在4月份，从开花开始至所有花全部开放约需要10天。一个花序内首先开放的是中心花，其着果后所结果实较大、品质也好，一个花序内5~6朵花全部开完需要3~7天，而且一般情况下早熟苹果开花早，晚熟苹果开花较晚。

（四）坐果期

苹果开花后期常有大量花脱落，这些花的脱落主要原因是未受精，苹果是异花授粉，只有受精的苹果，子房及花托才会开始膨大。在落花后两周还会有大量幼果脱落，引起落果的主要原因是受精不良和营养不足。各产区坐果期一般发生在4月中下旬至5月上旬，部分产区在坐果后开始疏果。

小贴士

异花授粉

异花授粉，是指异株、异花以及不同无性系之间的授粉。有的植物雄蕊和雌蕊不长在同一朵花里，甚至不长在同一株植物上，这些花就无法自行授粉了，它们的雌蕊必须得到另一朵雄花的花粉，叫作异花授粉。苹果属于异花授粉，在生产上常配置授粉树。

（五）幼果生长期（套袋期）

苹果坐果后进入幼果期，在最初生长的3~4周中，细胞不断分裂和膨胀，幼果体积的增大几乎完全是细胞膨大和细胞间隙扩大的结果。为了防止苹果受病虫害、天气等灾害影响质量和产量，对苹果进行套袋，全国各产区套袋时间一般为5月中下旬至6月上旬。

（六）苹果膨大期

苹果从幼果期果实大小会随着细胞的分裂和生长而长大，其中细胞分裂是第一次膨大，一般在幼果期，而另一次膨大是细胞个体的生长，一般从6月份开始持续到9月份。

（七）摘袋上色期

一般苹果生长至9月下旬后，各产区会陆续进入摘袋期，并铺设反光膜进行上色，在天气晴好时，一周左右上色完毕，即可采摘，如遇连续阴雨天气，苹果上色慢，严重者甚至会返青。除此以外，在上色期，质量同样受光照影响较大，光照条件良好的果实往往含糖量高，而遮阴严重的果实则果实个头小，成熟度差，品质欠佳。

（八）成熟下树期

苹果摘袋大约一两周后，大部分苹果就会着色完毕，陆续进入采摘期。果实的成熟期主要取决于品种，气候因素也是影响果实成熟期的重要因素，春季和夏季气温低，可以使果实的成熟期推迟。

（九）苹果落叶休眠期

落叶与休眠是落叶乔木植物在其系统发育历史的一个生物学特征，苹果采摘后经过一定时间后树叶会逐渐脱落，苹果植株进入休眠期。在休眠期，外部形态上是看不出果树的任何生命活动的，实际上植株体内水分含量减少，贮藏物质增多，特别是原生质内胶体物质发生了种种变化，给果树植株的器官和组织以高度抵抗外界不良条件的能力，使果树能够顺利越冬。

四、苹果为什么要套袋？

随着人们生活水平的提高，人们食物的要求也是越来越高，对水果也转向了高品质和无公害化，即所谓的绿色水果，市场上无公害水果的售卖价格也明显高于普通水果，而对于苹果而言，通过套袋可以避免生产过程中农药与果实的接触，从而降低果实的残毒量，成为无公害水果。除了减少农药残留以外，套袋还有一个好处，那就是改善外观品质，突出表现在表面光洁和着色全面上，比如苹果，不套袋着色最高程度仅为2/3，套袋后着色面积则可达到99%以上。

那么，苹果什么时候进行套袋？又该怎么套袋？

（一）纸袋种类选择

水果套纸袋要根据园内树木长势状况、生产目标、经济能力等合理选择。如果以生产高档出口果为目的，最好选择质量较好的进口双层袋；以生产内销优质果为目的，宜选择质量可靠的国产双层袋；以防止果锈、提高果面光洁度为主要目的，可选用成本较低的单层袋；部分地区亦可根据当地独特的地理气候环境选择塑膜袋和纸加膜袋。

（二）套袋的时间

套袋时间根据品种而定，除了易生果锈的品种外，一般早中熟的品种，套袋时间在落花后 1 个月进行（一般在 5 月底进行）；而中晚熟的品种一般在落花 35 ~45 天后进行。如果套袋时间过早，苹果的表皮更为光滑，但是果梗较细，到了后期果实较重，或者遇到大风天气，会造成落果现象；如果套袋的时间过晚的话，果实的表皮较粗糙，影响商品率。

（三）套袋前准备

由于各厂家生产的套袋规格和质量都不同，套袋又没有药剂处理，而有些果农发现在套袋后常常有烂果和其他病害的发生，所以，在套袋前要将套袋进行消毒灭菌处理，清除携带的病菌，还要对果实的表面喷施一次杀菌杀虫剂。另外，套袋采摘后的苹果极易发生黑点病及痘斑病，影响果实品质以及储藏性能，所以在套袋前要喷施一两次钙肥，可避免此现象的发生。

（四）套袋的具体方法

套袋一般是选择纸袋，成本较低，适合于广大种植户，套袋时向袋内充气，使纸袋膨胀起来，再将幼果套入袋中，注意不要将纸袋贴近果面，以免阳光造成灼伤。套好以后将袋口扎紧，使叶片露于纸袋外面，还可进行双层套袋，效果更佳。但需要注意的是，不要将铁丝绑在果柄上，以免造成落果。

（五）定期检查

在套袋后要定期进行检查，因为后期会有套袋松开、吊袋以及漏袋的现象发生，要及时处理纠正，还有在喷药后，以免套袋沾湿后紧贴果面，影响套袋内的通气，易造成日灼现象。

（六）套袋后管理

套袋后要加强园间管理。首先要在阴雨天气后及时深翻土壤，增加土壤的通透性，扩大根系分布范围，深翻以 80～100 厘米为宜。同时，也要合理施肥。苹果在套袋后的施肥量要大于套袋前，尤其是微量元素的施用，套袋后要及时浇水，防止日灼。对于病虫害的防治工作也不可轻视，要重点防治落叶病和虫害，还要注意因套袋引起的特殊病虫害。

五、苹果的分级现状如何？

当前苹果现货市场主要按大小、质量和货源三种方式进行分级。按大小分级主要是指以果实的横径为参考。以栖霞地区为例，按大小分为 65 号、70 号、75 号、80 号、85 号等多个果径等级。按质量分级，东部产区和西部产区存在较大差异，山东产区多以一级、二级和三级等进行区分，而西部产区多分为半商品货和商品货等。按货源主要分为果农货和客商货，其中客商货多数经过一次质量把控，质量情况整体比果农货高一点。

六、苹果价格是如何确定的？

我国苹果市场化程度高，价格完全由市场供需主导，另外还受宏观经济形势、天气、主要经济作物比价、出口及市场预期等多方面因素影响。随着近些年苹果产量不断加大，苹果市场整体处于供过于求的状态，一般情况下以下游需求定价为主，新果下树时，贸易商根据当时市场现状，核算成本和利润，与果农敲定收购价格，并发往市场，市场走货快，客商有利润，价格会继续维持或有上升；市场走货慢，价格会有所下调，从而传导至上游，收购价会随之下调。

七、苹果是如何储存的？

苹果属典型呼吸跃变型果品，采后具有明显的后熟过程，果实内的淀粉会逐渐转化成糖，酸度降低，果实退绿转黄，硬度降低。长期的不当储存，苹果会变得质地绵软、失脆、少汁，进而衰败、变质、腐烂。因此，合理储存苹果对于保持苹果的商品性以及流通性具有重要意义。

小贴士

呼吸跃变

呼吸跃变，指某些肉质果实从生长停止到开始进入衰老之间的时间内，其呼吸速率突然升高。苹果、香蕉、番茄、鳄梨、芒果等均具有呼吸跃变现象，故称跃变型果实。对于呼吸跃变型水果，常常把呼吸跃变的高峰期，作为水果由成熟走向后熟衰老的转折期。降低贮藏温度，可以使跃变高峰延迟出现，使峰的高度降低，甚至可以不出现跃变高峰。说明降低贮藏温度，能有效延缓呼吸跃变型水果的后熟和衰老。

（一）主要储存方式

1. 简易储存

简易储存，指不具备固定储存库设施，而是利用自然环境条件窖藏等。这种储存多数是在产地进行，储存操作简便易行，储存成本低，但受自然气候条件影响较大。

2. 通风库储存

通风库因储存前期温度偏高，中期又较低，一般也只适宜储藏晚熟苹果。储存后期，库温会逐步回升，还需每天观测记录库内温度、湿度，并经常检查苹果质量，检测果实硬度、糖度、自然损耗和病害、腐烂等情况。

3. 冷库储存

苹果适宜冷藏，在储存时最好单品种分别单库储存。苹果采摘后应在产地树下挑选、分级、装箱（筐），避免到库内分级、挑选。入冷库前应在走廊散热预冷一夜再入库。冷库储存管理主要也是加强温、湿度调控。通过制冷系统经常供液、通风循环，调控库温上下幅度最好不超过1℃。冷库储存苹果，往往相对湿度偏低，所以，应注意及时人工喷水加湿，保持相对湿度在90%～95%。冷库储存元帅系苹果可到新年、春节，金冠苹果可到3～4月，国光、青香蕉、红富士等可到4～5月，质量仍较新鲜。

4. 气调储存

气调冷藏比普通冷藏能延迟储期约1倍时间，可常年储存。气调储存的苹果要求采摘后2天内完成入库过程，并及时调节库内气体成分，使氧降至5%以下，以降低其呼吸强度，控制其后熟过程。一般气调储存苹果，温度在0℃～1℃，相对湿度95%以上，调控氧在2%～4%、二氧化碳3%～5%。气调储存苹果应整库储存，整库出货，中间不便开库检查，一旦解除气调状态，应尽快调运上市供应。

不同储存方式收费标准各不相同，一般情况下，从入库储存到出库，冷库储存储藏费用在300～400元/吨，而气调库在600元/吨以上。

（二）各品种储存期

目前，早熟苹果品种不耐储存，一般采摘后立即销售或在低温下进行短期储存。中熟苹果品种储存性优于早熟品种，在常温下可存放2周左右，在冷藏条件下可储存2个月，气调储存期更长一些。但由于不宜长期储存，故中熟品种采摘后也以鲜销为主，有少量的进行短期或中期储存。晚熟苹果品种由于物质积累较多、呼吸水平较低、乙烯发生晚且较少，因此一般具有风味好、肉质脆硬而且耐储存的特点，在常温库一般可储存3～4个月，在冷库或气调库的储存条件下，储存期可达到5～12个月。其中，红富士以其品质好、耐储存而成为我国苹果产区栽培和储存的当家品种。

（三）库容分布情况

根据中果网库容数据，2020年我国苹果可用仓库库存容量超过1400万吨，占苹果总产量的35%左右，其中入库储存量超1200万吨，入库率近85%左右。

目前苹果储存省份主要集中山东和陕西两个省份，两省的储存能力超过全国60%。2020年，山东省储存能力约为417.5万吨，陕西省储存能力约为450万吨。特别近年来陕西省逐渐实施的“果蔬储存百库工程项目”，对千吨级冷藏库级别为主的储藏设施进行财政补贴，对该省果蔬储存能力起到了很大的提升作用。其他主要省份的储存能力分别为：甘肃省190万吨，山西省185万吨，辽宁省115万吨，河南省91万吨。

自测题

一、填空题

1. 富士苹果原产于（　　），我国于1966年开始引进。
2. 苹果按大小分级主要是指以果实的（　　）为参考。
3. 目前我国苹果储存省份主要集中山东和（　　）两个省份。
4. 苹果价格波动具有农产品特有的季节性特点，一般来说，苹果采收期（　　）月期间，价格相对较低。
5. 目前我国苹果物流以（　　）运输为主。

二、判断题

1. 嘎啦苹果又名咖喱果，原产自美国。（　　）
2. 一般乔化苹果树20～30年后进入衰老期。（　　）
3. 苹果生长首先萌动的是花芽，而后是叶芽。（　　）
4. 全国各产区套袋时间一般为5月中下旬至6月上旬。（　　）

5. 通过套袋可以避免生产过程中农药与果实的接触，从而降低果实的残毒量，成为无公害水果，与改善外观品质无关。（ ）

三、单项选择题

1.（ ）苹果被许多中外专家和营销商认可为与美国蛇果、日本富士齐名的世界三大著名苹果品牌。

A. 美八　　B. 花牛

C. 国光　　D. 黄冠

2. 苹果期货中的交割品为（ ）苹果。

A. 金冠　　B. 红富士

C. 嘎啦　　D. 红将军

3. 苹果冷库储存时，调控库温上下幅度最好不超过（ ）。

A. 0.5℃　　B. 1℃

C. 1.5℃　　D. 2℃

4. 以下哪类苹果最不宜储存（ ）。

A. 早熟苹果　　B. 中熟苹果

C. 中晚熟苹果　　D. 晚熟苹果

5.（ ）以其品质好、耐储存而成为我国苹果产区栽培和储存的当家品种。

A. 嘎啦　　B. 红富士

C. 美八　　D. 红将军

四、不定项选择题

1. 下列苹果中属于晚熟品种的是（ ）和（ ）。

A. 藤木　　B. 红将军

C. 富士　　D. 秦冠

2. 苹果摘袋后大约（ ）至（ ）周后大部分苹果会着色完毕，陆续进入采摘期。

A. 1　　B. 2

C. 3　　D. 4

3. 套袋后要加强园间管理，在阴雨天气后及时深翻土壤，增加土壤的通透性，扩大根系分布范围，深翻以（　　）至（　　）厘米为宜。

A. 70　　B. 80

C. 90　　D. 100

4. 红星苹果品种原产（　　），（　　）于1982年引进。

A. 美国　　B. 新加坡

C. 沈阳　　D. 青岛

5. 一般乔化苹果树（　　）至（　　）年后进入衰老期。

A. 20　　B. 30

C. 40　　D. 50

参考答案

一、填空题

1. 日本　2. 横径　3. 陕西　4. 8～11　5. 公路

二、判断题

1. 错　2. 错　3. 对　4. 对　5. 错

三、单项选择题

1. B　2. B　3. B　4. A　5. B

四、不定项选择题

1. CD　2. AB　3. BD　4. AD　5. CD

第二章

苹果的种植和贸易

本章要点

本章主要介绍世界苹果的栽培史，并分别介绍了世界范围内和中国苹果种植的区域分布、产量及面积情况，并着重对中国苹果贸易情况进行了分析。本章最后对中国苹果产业的特点进行总结，以便投资者对苹果产业进行深入了解。

一、世界苹果的栽培及种植分布情况如何?

(一) 世界苹果栽培

苹果是栽培历史最久的一种果树，在考古学家的发掘中，曾在6500年前的安诺托利亚的考古遗址中发现有苹果的果实遗存物；在古埃及的纪念碑上，已经出现了苹果的画图；在距今7000年前瑞士“湖滨居地”新时代遗址中，发掘出已经炭化的干瘪的苹果果实。

欧洲苹果栽培起源于希腊，并经古希腊和古罗马人传给西欧各民族；美洲的苹果栽培也是300多年前由欧洲传入的；亚洲西洋苹果的栽培历史很短，迄今不过百余年，最初是由美国传入日本，而后相继传入朝鲜和中国；南半球的非洲苹果栽培始于1650年，最初栽培于南非的开普敦地区，而今是南非苹果集中产区；澳大利亚的苹果首先发展于塔斯马尼亚地区，如今为该国苹果最集中的栽培地区；新西兰的两个苹果栽培地区霍克斯湾和奈尔逊的苹果栽培始于19世纪和20世纪，如今这两个产区苹果的产量占该国苹果产量的70%左右。

（二）世界苹果种植分布

目前世界苹果产地主要分布于北半球温带地区，亚洲是世界上最主要的苹果种植区，欧洲位居第二，北美、南美及澳洲国家苹果种植相对较少。具体来看，亚洲主产国主要包括中国、土耳其、伊朗、印度、日本、韩国、朝鲜、巴基斯坦等。其中，中国多丘陵、多山地，山地土壤肥沃，通气能力强，非常适合苹果种植，是世界上最大的苹果产地；欧洲主产国包括西欧的法国、意大利、德国、西班牙、荷兰以及东欧的波兰、俄罗斯、乌克兰、罗马尼亚、匈牙利等，金冠是欧洲第一大主栽品种，是世界上金冠苹果栽培最大的区域；北美主产国主要包括美国、加拿大和墨西哥，美国是盛产苹果的国度，由于某些地区的土壤和气候优越，苹果园投资盛行；南美主产国主要包括阿根廷、智利、巴西、秘鲁等，其中巴西的苹果园遍布全国各地，且大部分苹果用于出口；大洋洲主产国主要包括新西兰和澳大利亚，此地区种植面积相对较少，但单产和品质优势突出。

二、世界苹果种植面积与产量分布是怎样的？

（一）世界苹果种植面积

世界苹果种植面积波动较大，2000年全球苹果种植面积达545万公顷，达到近20年最高峰，2000年后，全球苹果面积逐步下降，2006～2009年才趋于稳定。其中2008年467万公顷，面积水平处于历史低点，之后全球苹果种植面积不断回升至2015年，2015年后全球苹果种植面积再度缩减，到2019年为472万公顷，基本处于2009年水平（见图2－1）。

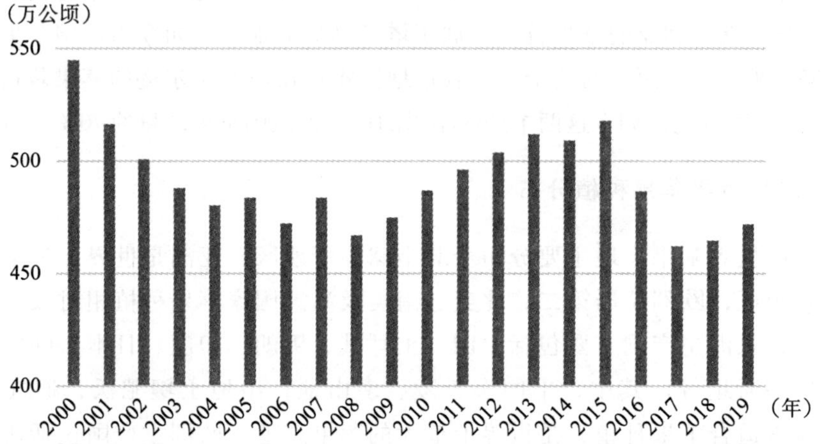

图2－1　2000～2019年世界苹果种植面积

资料来源：世界粮农组织

（二）世界苹果产量分布

苹果有着丰富的营养价值，随着经济水平的提高以及健康意识的不断增长，全球苹果产量稳步提升（见表2－1）。据世界粮农组织数据统计，苹果由2010年的7119万吨增长至2019年的8724万吨。目前，中国是世界最大的苹果生产地，2019年中国苹果产量达4243万吨，约占全球苹果总产量的49%；其次是欧盟和美国，产量占比分别约为14%和6%。

表2－1　　2012～2018年世界苹果主产国产量分布　　（单位：万吨）

产季	2012/2013年	2013/2014年	2014/2015年	2015/2016年	2016/2017年	2017/2018年
中国	3850.0	3968.0	4092.0	4260.0	4390.0	4450.0
欧盟	1220.7	1186.5	1363.6	1245.3	1259.1	1002.1

续表

产季	2012/2013 年	2013/2014 年	2014/2015 年	2015/2016 年	2016/2017 年	2017/2018 年
美国	404.9	469.0	506.7	452.1	491.2	465.3
土耳其	290.0	293.0	228.9	274.0	290.0	275.0
印度	191.5	249.8	249.8	252.0	225.8	230.0
伊朗	169.3	157.3	157.3	157.3	157.3	157.3
智利	142.0	131.0	121.0	133.5	131.0	136.0
俄罗斯	126.4	141.7	140.9	131.1	150.9	127.7
乌克兰	121.1	110.0	110.0	110.0	110.0	110.0
巴西	123.1	137.7	126.3	104.1	104.5	104.5
其他	524.5	573.5	582.5	574.4	566.1	563.0
总计	7163.5	7417.5	7678.9	7693.8	7876.0	7620.8

资料来源：美国农业部海外农业局

三、中国苹果的种植区域分布以及知名品牌如何？

我国苹果种植广泛分布于 25 个省份，覆盖黄土高原和渤海湾两大优势区域，其中陕西、山东、河南、山西、河北、甘肃等省份是我国最主要的苹果供应地。2012 年以来，6 个主产省的苹果产量占我国苹果总产量的比例都超过 80%（如表 2－2 所示）。

表 2－2　　2012～2018 年我国苹果主产省产量分布　　（单位：万吨）

省份 \ 年份	2012	2013	2014	2015	2016	2017	2018	2019
陕西省	965	943	988	1037	1101	1093	1009	1136
山东省	871	931	930	958	978	940	952	950

续表

年份 省份	2012	2013	2014	2015	2016	2017	2018	2019
河南省	437	443	442	450	439	435	403	409
山西省	375	396	417	431	429	445	377	422
河北省	311	320	346	367	366	228	220	222
甘肃省	249	270	297	329	360	311	292	341
合计	3208	3302	3420	3572	3672	3451	3253	3479
占全国总产量的比例	90%	91%	92%	92%	91%	83%	83%	82%

资料来源：国家统计局

（一）黄土高原优势产区

黄土高原优势区包括陕西渭北和陕北南部地区、山西晋南和晋中、河南三门峡地区，以及甘肃的陇东及陇南地区。

这些区域生态条件优越，海拔高，光照充足，昼夜温差大，土层深厚；生产规模大，集中连片，发展潜力大。该区域跨度大，生产条件和产业化水平差别明显。以陕西渭北为中心的西北黄土高原地区是我国最重要的优质晚熟品种生产基地和绿色有机苹果生产基地；甘肃陇东、甘肃陇南及山西晋中等地区湿度适宜，是我国重要的优质元帅系品种集中产区；核心区周边及低海拔地区是加工苹果的良好生产基地。

延伸阅读

著名苹果品牌——洛川苹果

洛川苹果，中国陕西省延安市洛川县特产，全国农产品地理标志产品。洛川县海拔较高，光照充足，昼夜温差大，雨热同季，是符合苹果最适宜生产区7项气象指标要求的苹果优生区，出产的洛川苹果具有肉质细嫩致密、汁多松脆、酸甜适口等特点。

（二）渤海湾优势产区

渤海湾优势产区包括胶东半岛、泰沂山区、辽南及辽西部分地区、燕山、太行山浅山丘陵区，是我国苹果栽培历史最早、产业化水平较高的产区。

该区域地理位置优越，品种资源丰富，加工企业规模大、数量多，市场营销和合作组织比较发达，产业化优势明显；科研、推广技术力量雄厚，果农技术水平较高。沿海地区夏季冷凉，秋季长，光照充足，是我国晚熟品种的最大商品生产区，管理水平较高，产量高，出口比例大；泰沂山区生长季节气温较高，有利于中早熟品种提早成熟上市；燕山太行山浅山丘陵区自然生态条件良好，光热资源充足，是富士苹果集中产区，交通运输方便，市场营销条件优越。

延伸阅读

著名苹果品牌——栖霞苹果

山东栖霞市素有“胶东屋脊”之称，主要地形为丘陵山地，有“六山一水三分田”之特点。这样的地理自然环境，非常适宜栽植苹果，栖霞人栽植苹果的历史悠久，近150年。改革开放以来，栖霞加快了产业结构调整，大力发展苹果产业。目前，栖霞市苹果种植面积128万亩，年产苹果22多亿公斤，果业年产值达160多亿元，苹果种植面积、总产量、果品质量、产业层次均居国内领先低位。栖霞因此享有“中国苹果之都”和“全球驻华大使馆共同推举的世界苹果之城”的赞誉。

（三）黄河故道和秦岭北麓产区

黄河故道产区包括豫东、鲁西南、苏北和皖北。黄河故道产区，地势低平，年平均气温13℃～15℃，1月份平均气温－1.6℃～1℃，7月份平均气温27℃～28℃，年降雨量700毫升左右，日照时数2300～2500小时，土壤为冲积沙土，土壤有机质少，偏碱，pH7～8，宜采用海棠做苹果嫁接砧木。果树生长季节较长，幼树结果较早，果实成熟也偏早。该地区优势品种主要为红富士。

延伸阅读

著名苹果品牌——灵宝苹果

灵宝苹果产于河南灵宝，苹果色泽鲜艳，清甜爽口，营养丰富，耐贮耐运，是通过国家质检总局“原产地标记注册”专家组审核认证的地方特产。灵宝是亚洲最佳适生区和西北黄土高原优势苹果产业带的发源地，连续3年居全国苹果产业品牌价值县级市第一位。

（四）西南冷凉高地产区

西南冷凉高地产区包括四川阿坝、甘孜两个藏族自治州的川西地区，云南东北部的昭通、宜威地区，贵州西北部的威宁、毕节地区，西藏昌都以南和雅鲁藏布江中下游地带。

西南冷凉高地产区纬度低，海拔高，垂直分布差异明显，年平均温度在10℃～13.5℃之间，年降水量800～1000毫升，多生产早熟苹果，这一地区主栽金冠、元帅和红星等。

除以上产区以外，在辽宁沈阳以北，吉林、黑龙江、内蒙古以及新疆阿克苏等地也有大量苹果分布，尤其是像寒富等抗寒品种的大面积扩种，使得苹果产区分布更为广泛。

延伸阅读

著名苹果品牌——阿克苏苹果

阿克苏苹果，又称加丽果，新疆维吾尔自治区阿克苏地区特产，中国国家地理标志产品。阿克苏苹果具有果面光滑细腻、色泽光亮、果肉细腻、果核透明、甘甜味厚、汁多无渣等特点；富含丰富的维生素C、纤维素、果胶等。而阿克苏苹果果核透明（俗称“糖心”）则是其区别于其他产地红富士苹果的显著标志。

四、中国苹果的种植面积与产量情况如何？

中国是全球最大的苹果生产国，产量占全球苹果产量的 50% 以上。2018 年国内苹果产量受天气灾害影响大幅下滑，2019 年我国苹果产量恢复到 4242.5 万吨，仅次于柑橘，位居第二（不含瓜类），在我国水果产业中具有重要地位。

据国家统计局数据显示，2000～2019 年我国苹果产量稳步增长（如图 2－2 所示），由 2000 年的 2043 万吨增长至 2019 年的 4242.5 万吨；而苹果种植面积则呈现较大波动（如图 2－3 所示），2000 年我国苹果种植面积为 225 万公顷，到 2008 年降至 185 万公顷，近年来有所回升，2018 年增长至 194 万公顷，整体波动与世界种植面积变化趋于一致。

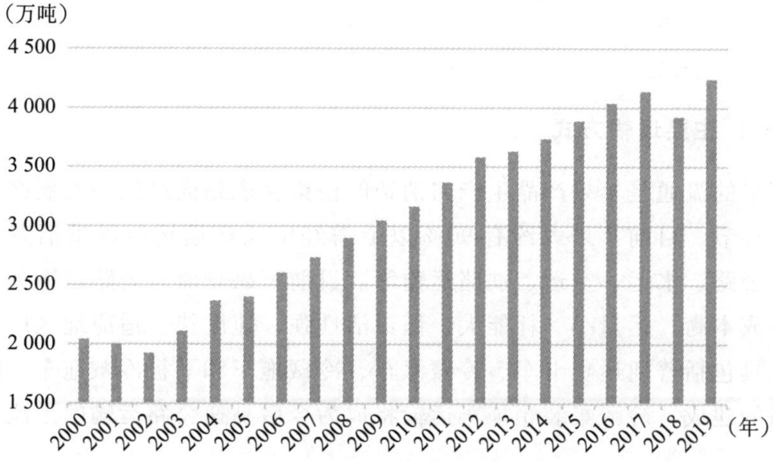

图 2－2　2000～2019 年中国苹果产量

资料来源：国家统计局

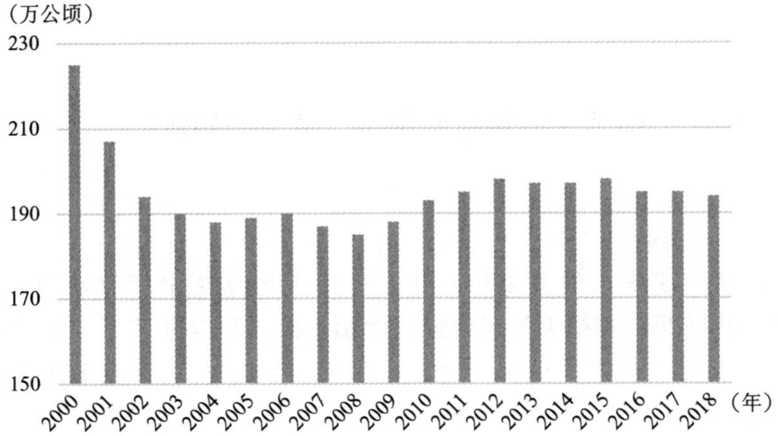

图 2－3　2000～2018 年中国苹果种植面积

资料来源：国家统计局

五、苹果的贸易现状如何?

（一）主要运输方式

苹果的流通是苹果产品生产与消费的桥梁，也是商品经济发展必不可少的重要环节。目前苹果大约有 90% 以上需经中长途运输后以供消费。苹果运输有公路、水运、空运、铁路运输等。目前苹果物流以公路运输为主，其特点是成本高、运量小、耗能大，但灵活性强、速度快、适应地区广。主要运输工具包括普通运货卡车、冷藏汽车、冷藏拖车和平板冷藏拖车。随着高速公路的建成，冷藏集装箱拖车运输将成为今后高速公路运输的主流。

（二）贸易流通方向

目前我国苹果主产地、主销地即为苹果的主要集散地，其中又以主产区的代表性最强。陕西跟山东两省苹果发展有着很强的外向型导向。作为我国苹果最重要的两个生产及加工基地，这两个省的苹果少量在本省消费，一半以上销往全国各地。而其他主产省份（包括辽宁、河北、山西、河南、甘肃等）的苹果则主要用于省内和周边省份的鲜果消费及加工。

六、苹果进出口情况如何？

（一）出口贸易状况

中国苹果出口贸易数量在 1994～2019 年的 26 年时间里，经历了稳定增长、快速增长和缓慢下降三个阶段。2009 年中国鲜苹果出口量达到 117.18 万吨后，2010～2015 年出口量持续走低，年平均下降速度达到 5.52%。2016 年，这一下滑趋势得到扭转，该年度中国鲜苹果出口创纪录首次突破 130 万吨，达到 133.9 万吨，出口额 14.7 亿美元，同比增长 59% 和 14%，首次成为世界第一大苹果出口国。总体来说，中国鲜苹果出口总量是在波动中增长，从 1994 年到 2019 年的 26 年间增幅达 9 倍多，占我国苹果产量的比重从 0.96% 增加到 2.3%（见图 2－4）。

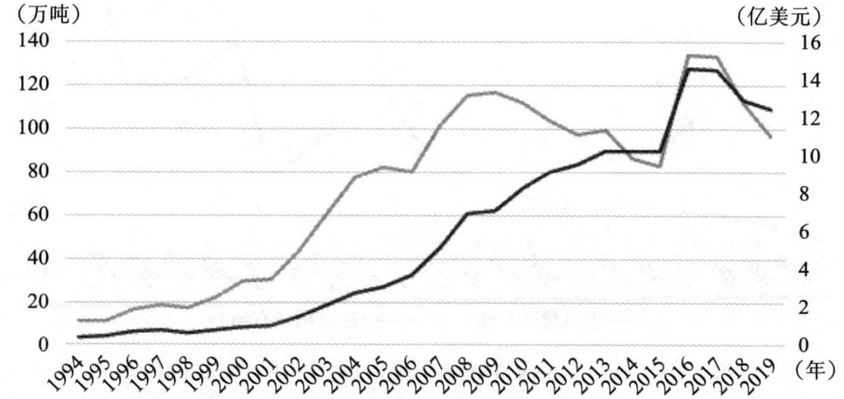

图 2－4　1994～2019 年中国苹果出口量、出口额变化趋势分析

资料来源：中国海关总署

按照各国和地区鲜苹果进口的关税和非关税壁垒将中国鲜苹果出口市场划分为三个等级：以美国、加拿大、澳大利亚、日本四国为代表的高端鲜苹果出口市场；以欧盟为代表的中高端鲜苹果出口市场；以俄罗斯、东南亚国家为代表的世界其他国家和地区的出口市场为低端鲜苹果出口市场。我国鲜苹果出口仍然以亚洲市场为主，占 85.27%。按照 2019 年中国鲜苹果出口目标市场的贸易额排名分析，孟加拉、印度尼西亚、越南分别居第一位、第二位和第三位。

（二）进口贸易状况

20 世纪 90 年代以来，中国苹果进口量呈现波动上升趋势，进口额则呈现持续增长趋势。世界粮农组织统计数据显示，苹果进口量由 1993 年的 19.2 万吨减少到 2019 年的 12.52 万吨，进口金额由 1.15 亿美元增长到 2.19 亿美元。26 年间，中国苹果的进口量降幅达 34.79%，进口金额增长了 1.90 倍（见图 2－5）。

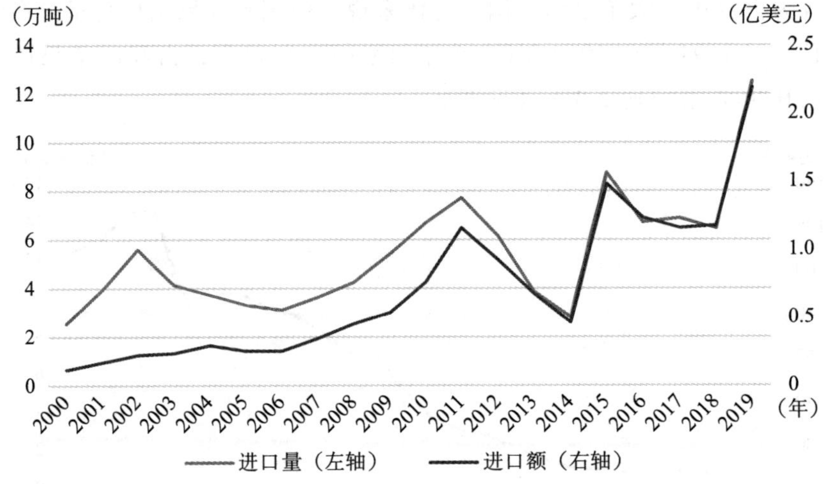

图 2－5 1993～2019 年中国苹果进口量、进口额变化趋势

资料来源：世界粮农组织

我国苹果进口来源国比较集中，2011～2015 年进口量排名前五的国家依次为智利、美国、新西兰、法国和日本，该五国的进口苹果占我国苹果进

口总量的95%以上。其中，智利苹果累计进口总量为14.67万吨，占中国苹果五年累计进口总量的一半以上。2018年、2019年中国鲜苹果进口最大来源国分别是新西兰、美国和智利。

七、中国苹果产业的发展特点有什么?

（一）栽植面积由快速扩张向平稳发展

根据国家苹果产业技术体系的调查研究，1982～1989年和1991～1996年，中国苹果产区经历了两次大规模扩张，但自1996年后，环渤海湾优势产区苹果面积以每年平均5.1%的速度持续下降，而黄土高原优势产区在1997～2002年种植面积减少后，从2003年至今保持年均4.53%的速度平稳增长，近几年苹果收获面积相对稳定。

（二）区域布局由分散发展向优势产区集中发展

中国苹果主产区地处黄土高原、华北平原、环渤海湾地区，海拔高，光热资源丰富，昼夜温差大，具有发展苹果生产得天独厚的地理和气候资源优势。但在这些地区并不是所有的地方都适宜大力发展苹果产业，只有其中的优势产区更适合发展苹果产业。目前，从苹果区域布局来看，环渤海湾苹果产区种植面积保持动态平衡，逐步向本区域优势产区集中；黄土高原苹果产区种植面积保持稳定增长，优势产区陕西、山西、甘肃发展较快。中国苹果产业布局持续向劳动力丰富、病虫害少、生产成本较低的西北高海拔地区迁移扩张。

（三）非灾害天气影响下，产量水平由大小年变化明显向逐年稳步增长发展

过去在苹果生产上，基础设施和种植投入少，果园土、肥、水综合管理跟不上，传统栽植修剪果树，树体密闭通透性差等，使年际间产量水平差异

较大，出现大小年、周期变化的现象。近年来，受苹果种植面积持续增加、技术进步、果农对果园投入与管理增加、经济效益良好和政策扶持力度加大等多种因素影响，中国苹果产量年际间呈持续稳步增长趋势，但除受灾害天气影响大幅减产的2018年除外。

（四）种植模式由传统种植向高效集约化发展

中国的苹果树大部分是20世纪80年代末90年代初大发展时期栽植的，主要采用以乔砧密植为主要特征的传统制度，果园郁闭，通风透光不良；果园管理标准化程度低，生产成本高，机械化作业困难，导致果品质量不高，市场竞争力降低。近年来，通过间伐减密、提高栽植标准等措施，推广应用了既省工、省力、优质、高效，又便于机械化作业的宽行矮砧集约高效种植模式。

（五）出口贸易竞争加剧，近年形势有所回暖

自2004年起，我国多年保持世界最大苹果出口国的地位，但是2013年被波兰超过，2016年中国苹果出口量132万吨，重新成为世界最大的苹果出口国。尽管目前苹果出口形势有所好转，但中国苹果出口所面临的发展约束因素渐增。一是国内劳动力要素和资本要素价格持续上涨因素，导致出口竞争力逐步减弱；二是国际市场需求不足，加上贸易保护加剧国际市场竞争，使中国出口市场增长空间有限；三是质量标准与海关检验检疫约束中国鲜苹果扩展到发达国家市场。

自测题

一、填空题

1. 陇东、陇南及晋中等地区湿度适宜，是我国重要的优质（　　）系品种集中产区。

2. 目前中国苹果产业布局持续向劳动力丰富、病虫害少、生产成本较

低的（　　）地区迁移扩张。

3. 中国苹果产量年际间呈持续稳步增长趋势，除受灾害天气影响大幅减产的（　　）年除外。

4.（　　）年，中国苹果出口创纪录首次突破130万吨。

5. 截止到2018年，中国苹果进口最大来源国为（　　）。

二、判断题

1. 苹果是栽培历史最久的一种果树，考古学家曾在3000年前的安诺托利亚的考古遗址中发现有苹果的果实遗存物。（　　）

2. 亚洲苹果的栽培历史很长，迄今已超千年。（　　）

3. 金冠是欧洲第一大主栽品种，是世界上金冠苹果栽培最大的区域。（　　）

4. 大洋洲主产国主要包括新西兰和澳大利亚，此地区种植面积较广且单产优势突出。（　　）

5. 据世界粮农组织数据显示，2018年世界苹果种植面积增长至490万公顷，高于2000年水平。（　　）

三、单项选择题

1. 欧洲苹果栽培起源于（　　）。

A. 罗马　　B. 希腊

C. 日本　　D. 美国

2. 目前（　　）是世界上最主要的苹果种植区。

A. 亚洲　　B. 欧洲

C. 澳洲　　D. 美洲

3.（　　）多丘陵、多山地，山地土壤肥沃，通气能力强，非常适合苹果种植，是世界上最大的苹果产地。

A. 伊朗　　B. 日本

C. 韩国　　D. 中国

4. 据美国农业部海外农业局数据统计，截至2018年（　　）苹果产量位居世界第二位。

A. 美国　　B. 日本

C. 巴西　　D. 欧盟

5.（　　）优势产区是我国苹果栽培历史最早，产业化水平较高的产区。

A. 黄土高原　　B. 渤海湾

C. 珠三角　　D. 长江下游

四、不定项选择题

1. 中国苹果主产区地处（　　）、（　　）、（　　）地区。

A. 黄土高原　　B. 渤海湾

C. 珠三角　　D. 华北平原

2. 中国的苹果树大部分是20世纪（　　）年代末和（　　）年代初大发展时期栽植的。

A. 60　　B. 70

C. 80　　D. 90

3. 2018年中国苹果进口最大来源国前三名为（　　）、（　　）和（　　）。

A. 新西兰　　B. 美国

C. 智利　　D. 巴西

4. 按照2018年中国鲜苹果出口目标市场的贸易额排名分析，（　　）、（　　）和（　　）为前三大出口目标国家。

A. 印度　　B. 印度尼西亚

C. 越南　　D. 菲律宾

5. 西南冷凉高地产区多生产早熟苹果，这一地区主栽（　　）、（　　）和（　　）等。

A. 富士　　B. 金冠

C. 元帅　　D. 红星

参考答案

一、填空题

1. 美八 2. 西北高海拔 3. 2018 4. 2016 5. 新西兰

二、判断题

1. 错 2. 错 3. 对 4. 错 5. 错

三、单项选择题

1. B 2. A 3. D 4. D 5. B

四、不定项选择题

1. ABD 2. CD 3. ABC 4. BCD 5. BCD

第三章

苹果的消费状况

本章要点

本章主要从苹果的消费形式、特点、场所以及产成品等方面进行详细的叙述，并对当前的消费总量以及人均消费情况进行数据分析，以期投资者能够准确把握苹果的整体消费状况。

一、苹果的消费形式有哪些?

苹果的主要消费形式有鲜食消费和加工消费两种。其中，鲜食消费为我国苹果消费的主要形式，主要通过各级贸易商对收购的苹果进行分拣、筛选、包装等初级加工后通过批发市场、网络销售、商超、生鲜商店、路边小摊等形式直接售卖给消费者。加工消费整体占比较低。目前我国市场上已经有的初加工产品可以分为三大类：一是液体加工产品——果汁产品，如鲜榨苹果汁、苹果浓缩汁和苹果浓缩原浆，苹果醋以及醋饮料，苹果罐头以及苹果酒。二是固体加工产品——苹果全粉及速溶粉、果酱、果脯、苹果天然香精以及脱水苹果干、苹果脆片等。三是利用提取果胶后的二次皮渣生产蛋白饲料、有机肥和沼气等。

二、苹果的消费有哪些特点？

（一）我国苹果消费中鲜食消费占总量的90%以上，剩余约10%为加工消费

自2008年以来，我国苹果鲜食消费量一直呈现出不断增加的状态，而加工消费量则表现出平稳下降的趋势，可以预见未来一定时期的苹果消费仍然是以鲜食消费为主。中国是世界上最大的果品消费市场，而且“中国苹果好吃”的理念在生产者、经营者、消费者心目中的地位逐渐增强。

（二）季节性、节日性消费明显

苹果季产年销的特性决定了苹果消费具有明显的季节性特征。俗语说“冷吃梨、热吃瓜，不冷不热吃苹果”，我国苹果主要为晚熟品种，因而苹果主要在秋季集中上市，苹果消费也主要集中在秋季和冬季、春季。夏季各种时令水果上市，叠加库存苹果接近消耗殆尽，夏季是苹果消费淡季。苹果鲜食消费中传统节日对其消费量的影响较大，这一消费特征决定了苹果消费量在某一特殊时期销售大增。例如国庆节、春节、清明节、端午节等重大节日也是苹果消费的旺季。

（三）地域存在差异

受消费习惯、气候条件和区位环境等因素的影响，我国苹果消费地域差

异明显，其中北方地区及苹果主产区苹果消费量大，南方地区相对较少。我国地域宽广，北方地区集中了我国苹果的主要产区，苹果供应量比较充足，品种丰富多彩，质量上乘，苹果已经成为我国北方地区广大消费者的当家水果，在水果消费中占主导地位，尤其是陕西、甘肃、山东、河南、山西等地苹果消费量较高。而我国南方地区基本没有大的苹果产区，这是由于南方地区气候适宜，水果种类繁多，苹果的替代选择比较多，导致南方地区的苹果消费量相对较少。但随着苹果保鲜技术的不断提高，商品运输越发快捷，苹果消费的地域特征正在逐渐淡化。

三、鲜食消费的各级主体有哪些？

（一）水果批发市场始终处于龙头地位

苹果是季产年销的生鲜水果，市场上全年都有苹果销售，其中批发市场是传统且销售苹果量最大的渠道，每年通过批发市场的销售量占全年产量的一半以上，每年6月就有早熟苹果开始下树到批发市场进行销售，到7月嘎啦、美八，8月的玉华早富、红将军，再到10月上市的红富士、秦冠、花牛等晚熟苹果，直至苹果入库到次年新果下树的苹果都能通过商贩调运至批发市场销售。从一、二线城市到三、四线城市，全国范围内分布着大量水果批发市场，组织了庞大的水果消费网，主要大型的批发市场如下：

1. 嘉兴水果批发市场

嘉兴水果批发市场创办于1992年，是浙江省嘉兴市供销社下属的一家起步较早、专业性较强，集基地、冷链、配送、集散、进出口、电商、论坛、会展为一体的全产业链大型专业水果市场。主要交易辐射浙江全省及江苏、安徽、江西、福建、山东、上海等省市。市场目前总占地540亩，2019年交易量达330.01万吨，交易额达343.58亿元，是长三角地区交易规模最大的果品集散中心市场。借助长三角的市场优势以及港口优势，嘉兴水果批发市场大力发展进口水果交易，2019 年交易量达 55.61 万吨，交易额达 106.13 亿元。

2. 湖南长沙红星农副产品大市场

湖南长沙红星农副产品大市场是湖南省规模最大、功能最齐全、集散能力最强、经营品种最多、配套设施最完善的农副产品大市场，2002 年被国家九部委联合评定为国家级农业产业化龙头企业。市场自 1997 年元月开业以来，历经 23 年的持续发展，市场总规划超 2000 亩，经营户达 4000 余户。2019 年，市场全年交易额达 345 亿元，交易总量 456 万吨，形成以蔬菜、水果、粮油、肉品、水产、花卉等 6 个批、零兼营专业市场。市场云集全国各地农产品资源，根据市场的需要将农产品配送辐射到全国 28 个省（市）及全球 21 个国家和地区，建立农产品生产基地 5 万多亩，形成了一条农产品生产、加工产业链。

3. 东莞市果菜副食交易市场

东莞市果菜副食交易市场是东莞市人民政府立项批准建造的专业农产品批发市场。市场开业于 1997 年 9 月，1998 年起被国家农业部定为全国“菜篮子工程”定点鲜活农产品中心批发市场。经过 23 年的发展，已发展成为东莞市最具规模的水果交易龙头市场，也是我国南方最大的水果集散地之一。2005 年下半年市场体制改换及升级改造，投入近 3 亿元人民币按照建设现代化大流通市场的标准全面提升市场档次。市场升级后的交易环境得到很大程度上的改善，市场总占地面积达 10.2 万平方米，四层楼宇结构构成新的交易场地及配套设施，总面积达 16.2 万平方米。近年来果品交易量保持在每年 120 万 ~ 130 万吨之间，交易额超过 60 亿元，交易范围辐射全国 30 多个省市及港澳台、东南亚地区。

4. 重庆双福国际农贸城

重庆双福国际农贸城由重庆交通运输控股（集团）有限公司投资建设并运营管理，是重庆地区最大的、综合性一级农产品批发市场，是农业部确定的定点配套市场、商务部确定的全国农产品批发骨干市场。重庆双福国际农贸城以保障鲜活农产品供应为主，规划占地 2455 亩，主要布局蔬菜、水果、冷链等八大业态，汇聚蔬菜、水果、粮食、食用油、干货、副食、肉类、水产、蛋品、冻品等 26 个类别，现已建成主体交易区 35 万平方米，其中蔬菜15万平方米、其余20万平方米。已辐射四川、云南、贵州、陕西、甘肃、湖北等多个省份，辐射人口达6000万人。农产品日均入场量达1.3万吨，日均交易额近亿元。

5. 四川国际农产品交易中心

四川国际农产品交易中心是按照《成都市现代农业物流发展规划》，由雨润集团、成都商物投集团、成都农发投公司共同投资兴建的现代化综合性农副产品交易物流平台，是四川省现代农业服务业重点项目、彭州市灾后重建重点项目、农业部八大重点批发市场，也是雨润现代农副产品物流业西南战略布局的重大项目。项目位于彭州市濛阳镇，毗邻成德大道、108国道、京昆高速、第二绕城高速、宝成铁路青灌支线，规划总占地约3000亩，预计总投资约100亿元，建设集农副产品展示交易、加工仓储、冷链配送、安全溯源以及配套商务功能于一体的综合性、现代化农副产品交易集散节点平台。四川国际农产品交易中心所在地是全国五大商品蔬菜生产基地、全国蔬菜产业十强县（市）、全国无公害蔬菜生产示范基地、中国西部蔬菜之乡、中国西部最大无公害蔬菜和绿色食品蔬菜生产销售基地，全市蔬菜种植面积67万亩，年产量160万吨。以四川国际农产品交易中心为轴心向周边辐射的50公里范围内，也是四川省特色优质蔬菜水果的集中产区，蔬菜总种植面积达237万亩，可提供商品蔬菜464万吨。

6. 广州江南果菜批发市场

作为全国乃至东南亚果菜销量最大的批发市场之一的广州江南果菜批发市场，创建于1994年。市场现位于广州市白云区增槎路926号，占地面积40万平方米，主要从事蔬菜和水果产品的批发经营。为响应国家关于农副产品批发市场改制和升级改造政策，广州江南果菜批发市场在国家和省市领导及有关部门的大力支持下，从2002年起投资了近8亿元对市场进行全面的升级改造。市场2019年果菜总交易量达55.91亿公斤，同比增长0.30%；总交易额达到268.29亿元，同比增长0.76%，果菜单品交易量连续16年名列全国第一。

7. 北京新发地农产品批发市场

北京新发地农产品批发市场成立于1988年5月16日，经过32年的建设和发展，现已成为首都北京乃至亚洲交易规模最大的专业农产品批发市场，在世界同类市场中具有很高的知名度和影响力。市场现占地1680亩，管理人员1500名，固定摊位2000个左右、定点客户4000多家，日吞吐蔬菜1.8万吨、果品2万吨（见图3－1）、生猪3000多头、羊1500多只、牛150多头、水产1500多吨。近年来，市场本着“扶大、扶强、扶优”的原则，培养出单品经营大王100名，综合销售百强100名，形成了以蔬菜、果品批发为龙头，肉类、粮油、水产、调料等十大类农副产品综合批发交易的格局。市场成立32年来，始终秉承“让客户发财，求市场发展”的宗旨，以“服务首都、服务三农”为己任，坚持以道德和责任做好首都农产品安全供应这个天大的事；用讲良心，守诚信，为百姓，承担了首都80%以上的农产品供应。2019年交易量1749万吨，交易额1319亿元人民币。在全国4600多家农产品批发市场中，新发地市场交易量、交易额已连续十七年双居全国第一，是首都名副其实的大“菜篮子”和大“果盘子”。“新发地”品牌已成为中国农产品的代名词，新发地市场的农产品价格指数成为引领中国农产品市场价格的风向标和晴雨表。

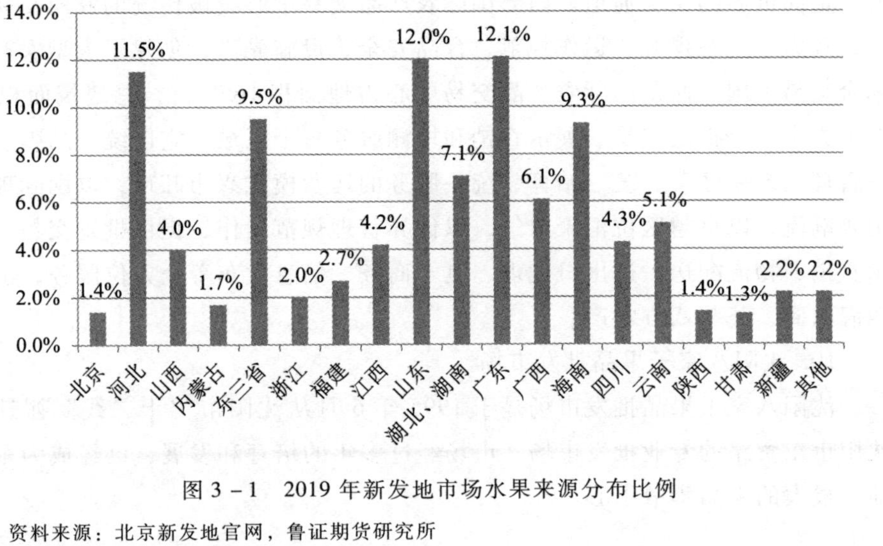

图3－1　2019年新发地市场水果来源分布比例

资料来源：北京新发地官网，鲁证期货研究所

8. 郑州万邦国际集团

郑州万邦国际集团成立于2001年，总部位于河南省郑州市，以“立足‘三农’、保障民生、服务全国”为宗旨，业务涵盖综合性农产品冷链物流、

高效生态农业开发、生鲜连锁超市、跨境电子商务、进出口贸易等农业全产业链。荣获重点龙头企业、全国农产品“综合十强市场”、“星创天地”、全国“万企帮万村”精准扶贫先进民营企业等荣誉称号。

目前，集团在中牟县建设运营的万邦农产品物流园区，已累计完成投资100亿元，占地5000亩，建筑面积达350万平方米，拥有固定商户6000多家。2017年，各类农副产品交易额913亿元，交易量1720万吨，位居全国前列，实现农产品“买全球、卖全国”。2012年1月，万邦物流城蔬菜、果品区建成投入运营，占地1000亩，总投资15亿元，建筑面积达60万平方米。2019年拥有固定商户5000家，果蔬年交易量1750万吨，交易额920亿元，连续多年成为国内较大的蔬菜果品物流集散中心。

9. 上海西郊国际农产品交易中心

上海西郊国际农产品交易有限公司投资、经营的上海西郊国际农产品交易中心，是上海及长三角地区现代化、综合性的农产品中央批发市场，为上海市重大工程之一。它立足上海、服务全国、连接海内外，是农产品进入上海、走向世界的主要通道。西郊国际农产品交易中心突破传统的农商交易模式，致力于业态提升、运作规范、食品安全、设施先进，创建了大型农产品综合交易王国。西郊国际农产品交易中心占地面积1658亩，总建筑面积45万平方米，分批发交易、展示直销和检测服务三个区域。它以统一品牌、统一管理、统一经营、统一结算、统一服务的运营模式兴市旺市，以国际理念引领潮流，以卓越区位汇聚财气，以优异管理规范运作，提供批发交易、展示直销、物流配送、进出口代理、电子商务、信息发布等全方位服务，汇集四海农商，荟萃八方农产。

10. 沈阳八家子果品批发市场

沈阳八家子果品批发市场是于1995年6月从沈阳市“十二线”搬迁到沈阳市东贸路的专业批发市场。市场经过多年的培育和发展，已经成为东北地区最大的果品集散中心。

（二）生鲜电商异军突起，发展迅速

虽然水果销售大部分由我国批发商市场销售，但是随着销售渠道越来越多，批发市场的占比正呈现逐步降低趋势，网络销售、商超、生鲜商店、路

边小摊等销售渠道正在逐步扩张，尤其是近年来电商销售兴起，市场份额逐步扩大，叠加2019/2020产季疫情原因各大批发市场暂时性关闭，待批发市场开放后人员到市场也有所下降，生鲜电商弥补了这个缺口，而且随着收入的提高和生活节奏的加快，年轻人群和中产阶级对于生鲜上门的需求也变得更加强烈，也使得大量资本投入到生鲜电商上来。据统计，2019年中国大型生鲜电商分别如下：

1. 天猫生鲜

阿里巴巴集团旗下网络购物平台。天猫整合了数千家品牌商、生产商，为商家和消费者之间提供一站式解决方案。

2. 京东生鲜

京东是中国的综合网络零售商，是中国电子商务领域受消费者欢迎和具有影响力的电子商务网站之一。京东自营生鲜于2016年开始发力，入口、流量都给足，是集京东平台之力打造一个和天猫超市生鲜区相差无几的垂直生鲜零售平台。

3. 1号店

1号店是国内首家网上超市，由世界500强Dell前高管于2008年7月在上海张江高科园区创立。产品覆盖食品饮料、生鲜、进口食品、美容护理、服饰鞋靴、厨卫清洁用品、母婴用品、数码手机等14个品类。2016年，京东与沃尔玛达成深度战略合作，京东获得沃尔玛战略入股5%并拥有1号店。2017年，1号店宣布与京东集团战略协同发展，联合采购。

4. 沃尔玛生鲜

沃尔玛，是一家美国的世界性连锁企业，主要涉足零售业，连续4年在美国《财富》杂志世界500强企业中居首位。沃尔玛公司有11500家门店，分布全球27个国家。沃尔玛在美国50个州和波多黎各运营。沃尔玛宣布拟联合京东到家，以及泰森、伊利、都乐、圣农、蓝雪、佳农、金龙鱼七大生鲜商品供应商，携手打造“生鲜联盟”。该联盟从品质入手，强化三大承诺：一是线上商品均来自实体门店；二是食品安全；三是14天包退。

5. “我的后园”

“我的后园”是一个集跨界农业、定制农业、数据农业、平台农业、农村电商、农村旅游平台、精准营销、农村生产智能化管理、农技培训等全方位助力农业发展的信息服务平台，也是一个融合田园模拟互动游戏、田园集市、田园社群和微信公众号等功能的“互联网+农业”平台。品牌理念为都市居民打造家庭后花园，虚拟与现实、线上与线下完美融合，让都市居民所“种”即所得，增强品质生活乐趣，增强食品安全信心。

6. 国美生鲜

国美在线是国美集团重点打造的中国专业的电脑、手机、数码、家电、生活电器网上购物商城。国美在生鲜方面，起步比阿里巴巴、京东等晚，但其在渠道方面有30多年的经验积累，在供应链方面与中国优质农产品开发服务协会合作，这是其他竞争对手难以比拟的。国美生鲜全国有2400家门店，已有仓储面积300万平方米，预计新增200万平方米，拥有数万名物流配送人员，能够实现403个城市半日达、182个城市当日达、922个城市次日达、44226个乡镇四级区域无盲区服务。此外，国美在线开通的国美卖场也将成为国美生鲜、食材的主要线上展销窗口。

7. 顺丰优选

顺丰优选由顺丰商业集团倾力打造，以“优选商品，服务到家”为宗旨，依托线上电商平台与线下社区门店，为用户提供日常所需的全球优质美食。顺丰优选的商品覆盖全球60多个国家和地区，并深入国内外产地进行直采合作，品类覆盖肉类海鲜、熟食蛋奶、水果蔬菜、酒水饮料、休闲食品、冲调茶饮、粮油干货等。

8. 中粮“我买网”

中粮“我买网”是由世界500强企业中粮集团有限公司于2012年投资创办的食品类B2C电子商务网站，是中粮集团“从田间到餐桌”的“全产业链”战略的重要出口之一。中粮我买网致力于打造中国最大、最安全的食品购物网站，目前拥有休闲食品、粮油、冲调品、饼干蛋糕、婴幼食品、果汁饮料、酒类、茶叶、调味品、方便食品和早餐食品等百种品类。

9. 百果园

百果园，即深圳百果园实业（集团）股份有限公司，2001年成立于深圳，2002年开出中国第一家水果特许连锁专卖店。截至目前，门店数量已超4000家，遍布全国80多个城市，并在国内外布局了200多个水果种植基地，建立完善了全球采购系统。百果园是一家集水果采购、种植支持、采后保鲜、物流仓储、标准分级、营销拓展、品牌运营、门店零售、信息科技、金融资本、科研教育于一体的大型连锁企业。2015～2016年，百果园先后并购北京果多美、长沙绿叶、南京鲜时代等水果零售连锁。2016年末并购生鲜电商一米鲜，线上助力百果园APP，逐渐成为行业线上线下领跑者。

10. 每日优鲜

每日优鲜，成立于2014年12月，是一个围绕老百姓餐桌的生鲜O2O电商平台，覆盖水果蔬菜、海鲜肉禽、牛奶零食等全品类。其在主要城市建立起"城市分选中心+社区配送中心"的极速达冷链物流体系，提供全球生鲜产品"2小时送货上门"的极速达冷链配送服务。

11. 本来生活网

本来生活网致力于中国食品安全现状，建筑优质食品生态链。2012年7月成立于北京，是中国最大的食品生鲜垂直电商之一，提供包括水果、蔬菜、肉禽、水产、熟食、粮油、母婴、零食、酒水等食材。现生鲜配送覆盖全国109个城市，常温配送多达300多个城市。在北京、上海、广州、成都、武汉等7个主要城市自建6万平方米专业冷库，设立了常温、冷藏、冷冻、超低温、恒温区，从-60℃到25℃实现8个温区的分类储藏，做好食材的保鲜工作，满足7000多种生鲜的不同储存要求。

（三）大型生鲜超市逐步直面消费者

生鲜超市、大型超市的产地直采模式在全国逐渐铺开，大型超市和生鲜连锁品牌拥有较多的消费者，遍布全国各大城市，建立市民生活圈，方便市民采购，生鲜超市及大型超市体量大能够支撑产地采购，而且产地直采可节约中间成本。

1. 沃尔玛

沃尔玛于1996年进入中国，在深圳开设了第一家沃尔玛购物广场和山姆会员商店。经过20多年在中国的发展，截止到2019年底沃尔玛在中国170多个城市开设了422家门店，员工10万名，2019年销售额为822.8亿元。

2. 家乐福

家乐福于1995年正式进入中国市场。作为最早一批在中国开展业务的外资零售企业，家乐福以其成熟的服务体系与先进的经营理念，为中国经验稀缺的零售领域注入了全新的活力，在多个层面影响着中国的主流零售业运作模式。截止到 2019 年底，家乐福在中国有 233 家门店，年销售额为 312.84 亿元。

3. “好又多”

“好又多”自 1997 年 8 月成立至今，队伍不断发展和壮大，旗下经营的大型连锁店（含加盟）达 100 多家，总营业面积 40 多万平方米，员工总数 3 万余人，经营品项近 2 万种。2007 年 2 月，沃尔玛以 2.64 亿美元的价格购得好又多 35% 的股权，还向其他股东提供了 3.76 亿美元的贷款，换取另外 30% 的投票权，实际控制了好又多的经营。后好又多被沃尔玛收购。

4. 高鑫零售（大润发 + 欧尚）

高鑫零售有限公司是一家中国零售公司，在中国以大润发及欧尚作为品牌经营大卖场，是综合大卖场营运商。2017 年 11 月，阿里巴巴入股台资连锁超市品牌大润发的上市主体高鑫零售有限公司 224 亿港元，占大润发欧尚母公司高鑫零售 36% 的股份。截止到 2019 年底，高鑫零售（大润发 + 欧尚）在中国有 486 家门店（大润发 414 家，欧尚 72 家），年销售额 1018.68 亿元。

5. 北京华联

北京华联集团投资控股有限公司，是商务部重点扶持的 15 家全国大型零售企业之一，也是国际百货协会唯一的中国零售企业会员。北京华联集团旗下有两家上市公司和多家控股公司，业态涉及大型综合超市、精品超市、百货店及商业地产等。截止到 2019 年底，在全国 23 个省市设立了 163 家门店。

6. 华润万家

华润万家（Vanguard）是中央企业——华润（集团）有限公司旗下的零售业国有企业，隶属于华润（集团）有限公司，经过 36 年的发展，已经成长为中国最具规模的零售连锁企业品牌，成为华润零售业务的主力军。华润万家坚持“时尚、品质、贴心、新鲜、低价、便利”的经营理念，经营有大卖场、生活超市、便利超市、区域购物中心、以中高消费市场为定位的 Olé 超市，以及为满足年轻消费者追求快捷、舒适的时尚生活而精心打造的一种全新形象便利店——V > nGO 等多种业态。华润万家在 2019 年的零售额已达到 951 亿元。不仅如此，华润万家在 2019 年底已拥有的门店数量 3234 家，是大润发（门店数量 414 家）的 7.8 倍。

7. 麦德龙

麦德龙超市是一家零售批发超市集团，在麦德龙和万客隆（仅限欧洲）品牌旗下拥有多家麦德龙现购自营商场，是德国股票指数 DAX 的成分公司，世界 500 强之一，分店遍布 34 个国家。截止到 2019 年底，在中国共有 97 家商场。

8. 联华超市

联华超市股份有限公司于 1991 年起在上海开展业务，以直接经营、加盟经营和并购方式发展成为一家具备全国网点布局、业态最齐全的零售连锁超市公司。截止到 2019 年 12 月 31 日，联华超市及其附属公司的总门店数目已经达 3352 家，遍布全国 21 个省份及直辖市，继续保持中国快速消费品连锁零售行业的领先地位，年销售额 258.59 亿元。

9. 永辉超市

永辉超市是福建省在推动传统农贸市场向现代流通方式转变过程中培育起来的民营股份制大型企业集团。永辉超市成立于 2001 年，总部设在福建省福州市。永辉超市是中国 500 强企业之一，是国家级"流通"及"农业产业化"双龙头企业，荣获"中国驰名商标"，上海主板上市（股票代码：601933）。国务院授予"全国就业先进企业"，获"全国五一劳动奖状"等荣誉称号。截止到 2019 年底，在全国有 1440 家门店，年销售额 848.77 亿元。

10. 家家悦超市

山东家家悦超市有限公司的前身是山东威海糖酒采购供应站，后者是原计划经济时期山东省糖酒行业的二级批发企业，成立于 1974 年。自 1995 年开始发展连锁经营，截止到 2019 年底在全国有 783 家门店，年销售额 152.64 亿元。

其他的大型连锁超市还有物美超市、步步高超市、红旗超市、永旺超市、卜蜂莲花超市等。

四、苹果加工消费的产品有哪些?

(一) 苹果果胶

果胶是一种多糖物质，大量存在于苹果、柑橘、柚子等植物的叶、皮、茎和果实中。果胶是一种完全无毒无害的天然食品添加剂，可作为优良的食品胶凝剂、稳定剂、增稠剂、悬浮剂、乳化剂，广泛应用于食品工业和医药工业。当某种食品和药品采用果胶作添加剂时，可给人以“完全天然材料”的印象。冰淇淋、果酱和果冻、水果酸乳制品、果汁粉、软糖、粒粒橙及带果肉型饮料以及一些药物的生产中均需果胶。20 世纪末，果胶年国际市场的贸易量约为 3 万吨，约占食品胶的 10%，需求量在相当长的时间内以每年 15% 的速度增长。据不完全统计，我国每年约消耗 5000 吨，其中 80% 依靠进口，需求量与世界平均水平相比呈高速增长趋势。当前果胶生产主要由丹麦、美国、法国几家大公司垄断，质量好，品种多，价格在 1.25 万美元/吨左右。我国仅有四川绵阳、浙江衢州两家果胶厂，以橘皮为原料生产果胶，品种单一，质量与国外相比相差甚远，又因原料短缺，所以每年总产量一直在 200 ~ 300 吨，远远不能满足市场需求。

(二) 苹果膳食纤维

随着经济的发展和生活水平的提高，人们的膳食结构发生了很大的变化，城市“富贵病”急剧增多。膳食纤维作为一种功能性食品基料越来越受到广泛的关注。大量研究表明，膳食纤维有多种生理功能：它可以维持正常的血糖、血脂和蛋白质水平，并可以控制体重、预防结肠癌、糖尿病、冠心病等，因而被现代营养学家列为“第七营养素”。世界卫生组织（WHO）规定人体摄入膳食纤维的量为 16 ~ 24 克/人·日，而大多数人都远远达不到这个标准。苹果渣中含有 14% ~ 24% 的粗纤维，因此利用苹果渣开发苹果膳食纤维具有广阔的市场前景。

（三）苹果多酚

多酚类是具有苯环并结合有多个羟基化学结构的总称，包括黄酮类、单宁类、酚酸类以及花色苷类等。植物多酚一般是作为二次代谢产物，广泛存在于植物的组织中。不同品种其构成的多酚种类有所不同。成熟苹果的主要多酚类为原花青素、儿茶素类以及绿原酸等，而未成熟苹果中还含有较多的二羟查耳酮、槲皮酮等化合物。研究证明：苹果多酚类物质具有很强的抗氧化和抑菌能力（苹果多酚的抗氧化、清除自由基能力是VE的50倍、VC的20倍），在心血管舒张动脉硬化、软骨病与视力退化、过敏、龋齿、中风等病症中的应用具有很高的疗效，况且其对水的溶解性也比茶多酚高得多，因而也越来越受到国内外学者的重视。国内已经有大量从残次苹果及果渣提取苹果多酚的研究报告，相信苹果多酚的提取在未来几年将是苹果深加工中的一个新亮点。

（四）苹果籽油

近几十年来，油脂营养与健康的研究成果表明：食用油脂对人类健康有重大影响。这引导人们去不断开发新油源，特别是对人体健康有特殊保健作用（降血压、降血清胆固醇、预防动脉粥样硬化、心脏病）、富含不饱和脂肪酸的功能性小品种油脂。研究数据表明：苹果籽仁中含油28.9%～34%，主要以不饱和脂肪酸的油酸和亚油酸为主，其中油酸含量为33.36%～36.35%，亚油酸含量为51.29%～55.50%，且VE含量高达249.0毫克/100克油（超临界CO_2萃取）。由此可见，苹果籽油可作为一种优质的小品种油加以开发利用。传统的提取、分离、精炼工艺易使植物油脂中具有生理活性的物质损失，所以苹果籽油提取应积极采用超临界CO_2萃取等先进技术。与此同时，苹果籽仁中含蛋白质为48.72%～54.78%，经超临界脱脂后的苹果籽粉，蛋白质变性小，可做食用蛋白加以开发利用。

综上所述，我国苹果资源十分丰富，但苹果深加工及综合利用仍然处于起步阶段，产品品种单一，质量不够稳定，从而影响了苹果产业的进一步发展。

五、苹果的消费总量有多大?

2000～2018 年我国苹果种植面积波动明显，但是苹果种植技术逐年提升，苹果单产逐年提高。2001～2017 年，我国苹果总产量逐年递增；2018 年苹果产区遭受冻害影响，产量同比 2017 年下降；2019 年恢复增长态势，根据国家统计局数据，产量达 4242.54 万吨，为历史最高产。我国苹果出口数量占总产量的 2% 左右，绝大部分苹果依赖国内消费。根据国家统计局数据，2000～2019 年，我国苹果表观消费量（=产量+进口量－出口量）从 2013 万吨增长到 4145 万吨，增长幅度达到 106%，而且我国苹果消费总量已经达到全球消费总量的一半以上，是世界最大的苹果消费国（见图 3－2）。

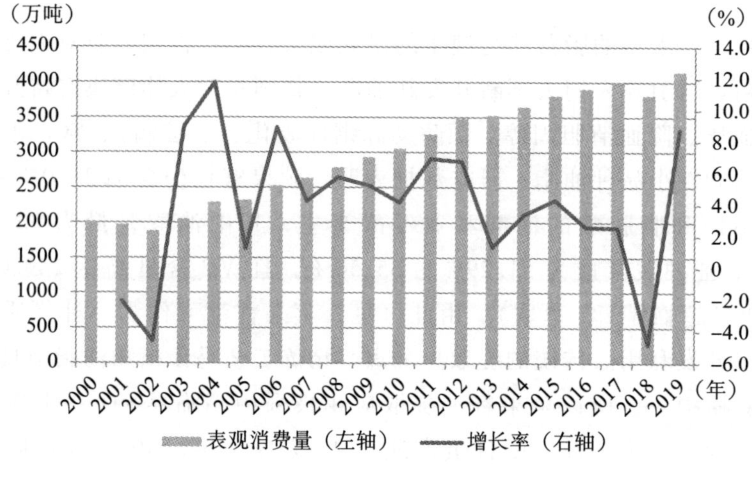

图 3－2　我国苹果表观消费量

资料来源：国家统计局

六、苹果的人均消费水平如何?

随着国民消费水平的提高,叠加我国苹果产量逐年增长,且绝大部分苹果在国内消费,使得我国苹果人均消费水平不断提升,2019 年我国人均年消费苹果达到 27.24 千克,较 2017 年的 14.08 公斤增长 93.47%。我国人均消费苹果属于高水平,远高于 2019 年全球年人均消费 8.5 公斤苹果的水平。欧盟、美国、俄罗斯等世界强国,由于消费结构的变换,2019 年人均苹果消费水平较 2017 年小幅上涨(见图 3-3)。

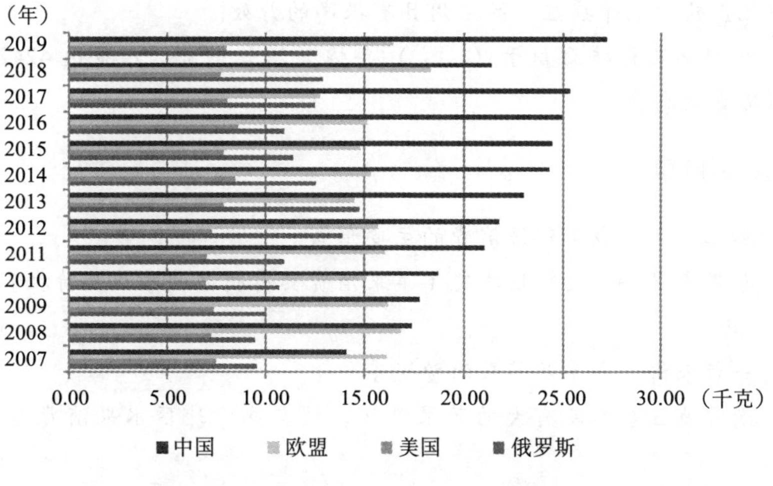

图 3-3 2007~2019 年苹果人均消费量对比

资料来源:美国农业部,联合国粮农组织(FAO)

自测题

一、填空题

1.（　　）为全国乃至东南亚果菜销量最大的批发市场之一的广州江南果菜批发市场。

2. 苹果（　　）是一种完全无毒无害的天然食品添加剂，广泛应用于食品工业和医药工业。

3. 苹果渣中含有（　　）的粗纤维，因此利用苹果渣开发苹果膳食纤维具有广阔的市场前景。

4. 苹果（　　）类物质具有很强的抗氧化和抑菌能力，在心血管舒张动脉硬化、软骨病等病症中的应用具有很高的疗效。

5. 我国苹果种植面积于（　　）年恢复增长态势，产量达 4242.54 万吨，为历史最高产。

二、判断题

1. 加工消费为我国苹果消费的主要形式。（　　）

2. 苹果季产年销的特性决定了苹果消费具有明显的季节性特征。（　　）

3. 一般来讲，冬季是苹果消费淡季。（　　）

4. 南方地区基本没有大的苹果产区，这与南方地区水果消费习惯不同有关。（　　）

5. 批发市场是传统且销售苹果量最大的渠道。（　　）

三、单项选择题

1.（　　）是世界上最大的果品消费市场。

A. 美国　　B. 日本

C. 中国　　D. 欧盟

2. 我国苹果主要为晚熟品种，因而苹果主要在（　　）集中上市。

A. 春季　　B. 夏季

C. 秋季　　D. 冬季

3. 我国地域宽广，（　　）地区集中了我国苹果的主要产区，苹果供应量比较充足。

A. 北方　　B. 南方

C. 中部　　D. 西部

4. 苹果作为季产年销的生鲜水果，每年（　　）开始就有早熟苹果开始下树到批发市场进行销售。

A. 3 月　　B. 4 月

C. 5 月　　D. 6 月

5. （　　）水果市场是长三角地区交易规模最大的果品集散中心市场。

A. 宁波　　B. 嘉兴

C. 常州　　D. 上海

四、不定项选择题

1. 我国苹果的主要消费形式有（　　）消费和（　　）消费。

A. 鲜食　　B. 加工

C. 批发　　D. 零售

2. 因苹果季产年销的特性，我国苹果消费主要集中在（　　）和（　　）。

A. 春季　　B. 夏季

C. 秋季　　D. 冬季

3. 受（　　）、（　　）和（　　）等因素的影响，我国苹果消费地域差异明显。

A. 经济水平　　B. 消费习惯

C. 气候条件　　D. 区位环境

4. 当前果胶生产主要由（　　）、（　　）和（　　）几家大公司垄断，质量好、品种多。

A. 美国　　B. 中国

C. 丹麦　　　　D. 法国

5. 苹果多酚在（　　）、（　　）等病症中的应用具有很高的疗效。

A. 龋齿　　　　B. 降血压

C. 中风　　　　D. 心脏病

参考答案

一、填空题

1. 广州江南果菜批发市场　2. 果胶　3. 14%～24%　4. 多酚　5. 2019

二、判断题

1. 错　2. 对　3. 错　4. 错　5. 对

三、单项选择题

1. C　2. C　3. A　4. D　5. B

四、不定项选择题

1. AB　2. CD　3. BCD　4. ACD　5. AC

第四章

苹果期货合约及规则介绍

本章要点

本章主要介绍苹果期货上市的背景及意义，并着重详细叙述苹果期货合约以及交割方面的规则，以便投资者掌握苹果期货合约以及相关规则，避免盲目操作。

一、苹果期货上市的背景是什么？

党的十九大发出了“决胜全面建成小康社会、夺取新时代中国特色社会主义伟大胜利”的号召。打赢脱贫攻坚战，是全面建成小康社会决胜期必须坚决打好的三大攻坚战之一。苹果主产区与我国重点贫困区域高度重合，苹果种植是当地农户重要收入来源。近年来，苹果价格波动加大，广大产业企业和果农避险需求强烈。上市苹果期货，有助于为贫困地区产业企业和果农提供定价和避险工具，支持贫困地区优势产业发展，稳定贫困地区果农收入，是资本市场服务实体经济和国家脱贫攻坚战略的重要举措，是贯彻落实党的十九大和全国金融工作会议精神的实际行动。

二、苹果期货上市有什么意义？

建设好、维护好苹果期货市场，使之成为保障贫困地区果农收入稳定的“平安果”，是苹果期货上市最重要的意义，通过发现远期价格，实现套期保值，将为广大果农稳定收入、相关现货企业管理风险提供新工具，为推进苹果产业供给侧结构性改革提供新途径，为苹果产业与金融资源有效对接加快现代化发展提供新渠道，进一步拓展期货市场服务“三农”、服务国家脱贫攻坚战略的范围和领域。

（一）有利于完善苹果价格形成机制

目前，我国苹果市场价格区域特征明显。各地苹果种类和品级差异较大，苹果价格可比性差，导致果农生产和销售缺少权威价格的参考和指导，经常发生优质不优价的情况。上市苹果期货有利于促进苹果价格机制的完善，通过期货市场大量生产商、贸易商和投机者的参与，形成综合反映市场供求以及其他影响因素的价格，对现货市场更有指导意义。同时，上市苹果期货，通过确定标准化的苹果品级，设定合理的区域升贴水、品级升贴水，期货市场可以形成有效的竞争机制，形成相应品级的价格参考，调整和改善供求矛盾，完善苹果价格形成机制。

（二）有利于增强我国苹果国际话语权，形成世界苹果定价中心

我国是苹果生产大国，全球最大的生产规模促进了贸易出口的发展。近几年我国苹果出口量稳步上升，在世界贸易中占比上升较快，已经成为全球第一大苹果出口国，为我国苹果国际话语权奠定了良好基础。上市苹果期

货，通过有效的市场价格竞争机制和逐步攀升的国际贸易规模，可增强我国苹果国际话语权，进而形成全球范围的苹果定价中心。另外，权威性的苹果期货价格也有利于增强我国苹果生产商、贸易商在全球市场的竞争力，促进国内苹果产业发展。

（三）有利于拓展期货市场服务“三农”的广度

上市苹果期货，将进一步丰富涉农类期货品种体系，完善期货市场服务体系，拓展期货市场服务“三农”的广度，增强期货市场服务实体经济的能力。截止到2020年12月，我国共上市24个农产品期货及5个农产品期权，覆盖粮、棉、油、糖、果、木、蛋等多个农产品板块，期货市场在服务“三农”方面作用凸显。上市苹果期货，符合2016年“中央一号”文件关于加大力度“创设农产品期货品种”的指导精神，能够有效填补鲜果期货品种的空白，完善期货品种体系建设。

（四）有利于实现期货市场精准扶贫

我国扶贫工作进入攻坚阶段时，采取“力度更大、针对性更强、作用更直接、效果更可持续”的措施，实现精准扶贫成为下一阶段扶贫工作的核心。苹果不与粮争地，亩均收益高于种粮，而且越贫困的地区品种质量越好，是天然的扶贫品种，上市苹果期货能为精准扶贫创造有利条件。苹果主产区集中于渤海湾地区和黄土高原地区，主要包括山东、陕西、辽宁、河北、河南、山西及甘肃七个省，主产区覆盖33个国家级贫困县。上市苹果期货，通过合理布局交割仓库，能够便利贫困地区农业生产合作社套期保值，稳定经营利润，提高果农收入；发挥期货交割对于仓储物流发展的带动作用，增强贫困主产县域的产业活力，提高地方就业及经济发展水平；推广“公司+合作社+农户”“期货+订单”“保险+期货”等业务模式，改变传统的生产方式，有效提高生产集中度，切实增加农民收入。

（五）有利于加快苹果产业供给侧改革

我国苹果产业较为分散，制约着苹果产业的健康发展。在苹果生产中，5亩种植面积以下的农户占比高达80%以上，“粗、小、散”的传统生产模式下，农户抗风险能力弱，难以保障苹果生产的质量和食品安全。特别是近年来，随着苹果产量的提高，国内出现“卖果难”“果农增产不增收”的局面，苹果产业供给侧结构性改革需求强烈。上市苹果期货，有助于引导资本进入苹果产业，加快规模化种植，促进供给侧结构性改革；能够将成熟的期现结合经营模式引入苹果产业，强化龙头企业、种植大户的带动作用，有利于提高苹果生产的集约化程度，加快苹果产业供给侧改革。

（六）有助于促进苹果产业转型发展

近年来，我国苹果产业发展迅速，但也存在如单产水平低、优果率低、深加工业发展不足等问题，苹果产业面临从传统产业向现代化、产业化、国际化方向转型发展的紧迫性。苹果期货通过设计质量升贴水，体现优质优价，可以引导种植结构调整，提升产业竞争力；依托资本市场影响力，可以增强社会对苹果产业关注度，拉动产业投资，加快技术改进，促进苹果产业的可持续发展；苹果期货通过提升经营主体的抗风险能力，提高生产管理效率，促进产业一体化发展。

（七）有利于产业链主体管理经营风险

近年来，苹果产业竞争加剧，价格波动强烈，产业链相关经营主体只能被动承受价格波动风险。苹果生长对于天气和降水的反应较为敏感，产业“大小年”现象较为明显，产品价格波动剧烈，6 年间平均价格波动率约为 127%。生产合作社和果农缺乏有效的远期价格指导，难以主动应对市场供需变化，种植效益时好时坏；苹果贸易企业缺乏可靠的市场“风向标”，难以及时调节采购和库存，流通环节发展乏力；加工企业缺乏风险管理的工具，无法有效控制原料成本，下游企业无法做大做强。上市苹果期货，有利于全面提升苹果产业链的抗风险能力：合作社和果农可以利用期货进行种植规模管理，在需求旺盛时扩大种植规模，在需求低迷时及时改种；贸易企业可以利用期现价差进行套利交易，稳定经营利润；加工企业可以利用期货进行套期保值，合理控制原料成本，实现稳健经营。

三、苹果期货合约的要素有哪些？

近年来，我国苹果种植“北扩西进”的趋势明显，面积不断扩大，但经营主体还是以中小规模的种植户、贸易商为主，经营成本和经营风险不断增加。与此同时，各地政府也在大力推动苹果产业的标准化工作，希望以此带动苹果产业的转型升级，提高商品价值。为更好地贴近现货实际，降低参与成本，助力苹果产业转型升级，方便更多产业主体管理经营风险，郑州商品交易所持续跟踪苹果期货运行情况，根据苹果产业发展趋势和生鲜品种特点，跟踪收集参与主体积累的交易、交割实践经验，充分征求现货企业意见，不断完善合约规则。2020 年 7 月 14 日，郑州商品交易所发布通知，对苹果期货交割质量标准、合约交割月份、仓库交割和车板交割的要求及流程、交割单位和交割延误滞纳金等方面进行了修订。

苹果期货合约规则修订主要遵照“两提高，两降低”的原则来进行。

- “两提高”：一是提高苹果期货的普惠性，便于不同产区、不同规模的产业主体都能够更好地参与利用苹果期货；二是提高交割流程的便捷性和时效性，更好地体现苹果的鲜果特性。
- “两降低”：一是降低交割成本，包括交割时的整理成本、人工成本和时间成本；二是降低交割风险，包括仓单质量风险和交割货物质量风险。①

郑州商品交易所的苹果期货合约是由郑州商品交易所统一制定的，规定在未来的某个特定时间和地点交割一定数量和质量的苹果的标准化合约，主要有以下几个重点：

1. 2020 年 6 月 30 日郑州商品交易所第七届理事会第三次会议审议通过，2020 年 7 月 14 日发布，取消苹果期货 7 月合约的修订自苹果期货 2007 合约摘牌后施行，其他修订自苹果期货 2110 合约起施行（见表 4 – 1）。

---

① 资料来源：郑州商品交易所就苹果期货规则修订问题答记者提问。

表 4－1 苹果期货合约

	修订前	修订后
交易品种	鲜苹果（简称“苹果”）	
交易单位	10 吨/手	
报价单位	元（人民币）/吨	
最小变动价位	1 元/吨	
每日价格波动限制	上一交易日结算价 ±5% 及《郑州商品交易所期货交易风险控制管理办法》相关规定	
最低交易保证金	合约价值的 7%	
合约交割月份	1 月、3 月、5 月、7 月、10 月、11 月、12 月	1 月、3 月、**<u>4 月</u>**、5 月、10 月、11 月、12 月（此处删除了 7 月）
交易时间	每周一至周五（北京时间法定节假日除外）上午 9：00～11：30，下午 1：30～3：00 及交易所规定的其他交易时间	
最后交易日	合约交割月份的第 10 个交易日	
最后交割日	仓单交割：合约交割月份的第 13 个交易日 车（船）板交割：合约交割月份的次月 20 日	仓单交割：合约交割月份的第 13 个交易日 车（船）板交割：合约交割月份的次月**<u>10</u>** 日
交割品级	见《郑州商品交易所期货交割细则》	
交割地点	交易所指定交割地点	
交割方式	实物交割	
交易代码	AP	
上市交易所	郑州商品交易所	

注：加黑加下划线为新增内容，括号中的内容为删除内容。

资料来源：郑州商品交易所。

说明：郑州商品交易所持续更新苹果期货合约规则，最新内容以郑州商品交易所官网信息为准。

2. 苹果期货合约只能在郑州商品交易所中进行交易。

3. 苹果期货合约是高度标准化的合约。郑州商品交易所对其交割月份、交割地点、交割的数量有统一的规定。

4. 苹果期货交易方便快捷。投资者不需要与交易对手直接接触，借助交易软件进行交易。

5. 苹果期货合约实行当日无负债的结算制度，在每日交易结束后结算投资者在其持有的合约上的盈亏。

6. 苹果期货合约可以选择平仓、实物交割等方式了结合约。

此次合约修订增加了4月合约，取消了7月合约，主要是从产业风险管理需求方面考虑。4月合约恰逢清明、五一假期等苹果主要消费时段的备货期，是我国苹果主产区，特别是西部产区春节后最重要的销售时段，市场形势、价格变化带动的风险管理需求较为强烈；而7月已进入苹果销售淡季，企业备货主要用于超市供货，一般按照供应计划在7~9月开库销售，对于风险管理的需求相对较小。①

参与苹果期货交易的投资者分为法人客户和普通投资者。对于普通投资者，参与苹果期货交易是以投机为目的，不参与实物交割，通常只关注交易时间、交易保证金、交易手续费以及每日价格最大波动限制等方面；对于法人客户，参与期货交易可能不仅以投机为目的，也可以通过期货市场对苹果进行采购和销售，以交割为目的的法人客户更关注合约中的交割月份、交割品级、交割地点等方面，所以涉及苹果实物交割的企业，一定要充分了解郑州商品交易所指定的交易制度及相关环节的详细内容，尤其是在苹果实物交割环节容易出现的各种问题。

四、郑州商品交易所苹果期货合约的交割月份是如何选择的？

郑州商品交易所苹果期货合约月份的设计，借鉴了国际通行的离散设计，有助于提高市场流动性和进行套期保值交易，也符合我国苹果生产与消费的特点。

苹果是季产年销的生鲜产品，每年3~10月是苹果的生长期，6月就有早熟苹果开始上市，一直延续到10月份晚熟富士开始下树，以供全年消费，

① 资料来源：郑州商品交易所就苹果期货规则修订问题答记者提问。

其中10月苹果产量为全年之最。苹果生产的季节性决定了苹果消费具有明显的季节性特征，具体表现为秋冬季苹果消费相对较多。我国苹果主要品种为晚熟品种，苹果主要在秋季集中上市，苹果消费也主要集中在秋季和冬季。由于早熟苹果严重短缺，加之苹果贮存并不便利，因此春夏季节特别是夏季苹果供给量比较短缺，是苹果消费的淡季。

郑州商品交易所设计苹果合约时考虑到苹果的仓储以及生产情况，苹果期货取消7月、9月合约，增加了4月合约；考虑到苹果的产销特性，增加了10月、12月合约。所以苹果期货合约的设计充分考虑了苹果产业链的生产、储存、销售等方面，将交割月份设为1月、3月、4月、5月、10月、11月、12月。

五、苹果期货交割单位及质量标准是怎样的?

2020年6月30日郑州商品交易所第七届理事会第三次会议审议通过，2020年7月14日发布，对《郑州商品交易所期货交割细则》中交割单位及质量标准作了修订，修订自苹果期货2110合约起施行（见表4-2）。

表4-2　　苹果期货交割单位及质量标准修订条款对照表

原条文	修订后条文（2110合约开始实行）
交割单位：20吨	交割单位：**10**吨
苹果交割适用国家标准、国家相关规定及本细则规定 基准交割品：符合《中华人民共和国国家标准　鲜苹果》（GB/T 10651-2008）（以下简称《苹果国标》）一等及以上等级质量指标且果径≥80毫米的红富士苹果，其中果径容许度≤5%，质量容许度≤10%，无虫伤，磨伤、碰压伤、刺伤不合格果之和占比≤8%	苹果交割适用国家标准、国家相关规定及本细则规定 基准交割品：符合《中华人民共和国国家标准　鲜苹果》（GB/T 10651-2008）（以下简称《苹果国标》）一等及以上等级质量指标且果径≥80毫米的红富士苹果，其中果径容许度≤5%（**此处删除的内容为：质量容许度≤10%，无虫伤，磨伤、碰压伤、刺伤不合格果之和占比≤8%**），**质量容许度≤20%（虫伤计入质量容许度，磨伤、碰压伤、刺伤不合格果之和占比不做要求），可溶性固形物≥12.5%**

续表

原条文	修订后条文（2110 合约开始实行）
替代品及升贴水： （一）符合《苹果国标》一等及以上等级质量指标且果径≥80 毫米的红富士苹果，其中果径容许度≤5%，10%＜质量容许度≤15%，无虫伤，磨伤、碰压伤、刺伤不合格果之和占比≤10%，贴水 400 元/吨 （二）符合《苹果国标》一等及以上等级质量指标且 75 毫米≤果径＜80 毫米的红富士苹果，其中果径容许度≤5%，质量容许度≤10%，无虫伤，磨伤、碰压伤、刺伤不合格果之和占比≤8%，贴水 1500 元/吨 （三）符合《苹果国标》一等及以上等级质量指标且 75 毫米≤果径＜80 毫米的红富士苹果，其中果径容许度≤5%，10%＜质量容许度≤15%，其中无虫伤，磨伤、碰压伤、刺伤不合格果之和占比≤10%，贴水 2000 元/吨	替代品及升贴水： （一）符合《苹果国标》一等及以上等级质量指标且果径≥80 毫米的红富士苹果，其中果径容许度≤5%（**此处删除的内容为：10%＜质量容许度≤15%，无虫伤，磨伤、碰压伤、刺伤不合格果之和占比≤10%，贴水 400 元/吨**）。**20%＜质量容许度≤25%（虫伤计入质量容许度，磨伤、碰压伤、刺伤不合格果之和占比不做要求），可溶性固形物≥12.5%，贴水 500 元/吨** （二）符合《苹果国标》一等及以上等级质量指标且 75 毫米≤果径＜80 毫米的红富士苹果，其中果径容许度≤5%（**此处删除的内容为：10%＜质量容许度≤15%，其中无虫伤，磨伤、碰压伤、刺伤不合格果之和占比≤10%，贴水 2000 元/吨**），**质量容许度≤20%（虫伤计入质量容许度，磨伤、碰压伤、刺伤不合格果之和占比不做要求），可溶性固形物≥12.5%，贴水 1500 元/吨** （三）符合《苹果国标》一等及以上等级质量指标且 75 毫米≤果径＜80 毫米的红富士苹果，其中果径容许度≤5%（**此处删除的内容为：10%＜质量容许度≤15%，其中无虫伤，磨伤、碰压伤、刺伤不合格果之和占比≤10%，贴水 2000 元/吨**），**20%＜质量容许度≤25%（虫伤计入质量容许度，磨伤、碰压伤、刺伤不合格果之和占比不做要求），可溶性固形物≥12.5%，贴水 2000 元/吨** **未发生褐变的水心病苹果不计入不合格果**

续表

原条文	修订后条文（2110 合约开始实行）
入出库硬度指标规定如下： （一）每年 10 月 1 日至次年 2 月 20 日（含该日）入库的苹果，硬度不得低于 7kgf/cm²；其他时间入库的苹果，硬度不得低于 6.5kgf/cm² （二）每年 10 月 1 日至次年 2 月 20 日（含该日）出库的苹果，硬度不得低于 6.5kgf/cm²；其他时间出库的苹果，硬度不得低于 6kgf/cm²	入出库硬度指标规定如下： （一）**（此处删除的内容为：每年 10 月 1 日至次年 2 月 20 日（含该日）入库的苹果，硬度不得低于 7kgf/cm²；其他时间入库的苹果，硬度不得低于 6.5kgf/cm²）** <u>**苹果入库硬度不得低于 7kgf/cm²；**</u> （二）每年 10 月 1 日至次年 2 月 10 日（含该日）出库的苹果，硬度不得低于 **（此处删除的内容为：6.5kgf/cm²）** <u>**6.2kgf/cm²**</u>；其他时间出库的苹果，硬度不得低于 6kgf/cm²
车（船）板交货时按出库处理	车（船）板交货时按出库处理

注：加黑加下划线为新增内容，括号中的内容为删除内容。

资料来源：郑州商品交易所。

说明：郑州商品交易所持续更新苹果期货合约规则，最新内容以郑州商品交易所官网信息为准。

1. 交割单位由 20 吨变为 10 吨，缩小交割单位，与交易单位保持一致，便于投资者记忆。

2. 优化交割品级，放宽质量容许度要求，接近商场超市的中档货源，贴近现货实际，便于更多产业主体参与；降低可溶性固形物要求，贴近下游商场超市需求，避免极端年份可能出现的风险；规范对相关指标的说明，表述更加明确，并对西部产区影响较大的水心病指标做出更为明确的要求。

3. 统一苹果入库硬度要求，减少仓库仓单风险；降低出库和车板交割的硬度要求，降低交割风险，出库时间与车板最后交割日保持一致。

修订后的苹果期货仍然根据果径和质量容许度两个指标的不同，保持三档贴水的替代品，分别为：

- 果径≥80 毫米，20% < 质量容许度≤25% 时，贴水 500 元/吨；
- 75 毫米≤果径 <80 毫米，质量容许度≤20%，贴水 1500 元/吨；
- 75 毫米≤果径 <80 毫米，20% < 质量容许度≤25%，贴水 2000 元/吨。

小贴士

什么是水心病

水心病，俗称冰糖心，主要发生于陕西、甘肃、新疆等苹果产区，与种植环境及采摘时间有关，表现为近果心部位的深层果肉糖化，鲜食口感好，对人体无害，但如果病变处发生褐变，则不再具备商品价值。目前，《苹果国标》未考虑症状情况，将水心病苹果统一纳入不合格果。考虑到近年来随着西部产区产量增加，水心病苹果越来越多，并且受到消费者的欢迎。为便于当地企业参与利用苹果期货，贴近现货实际情况，此次修订对未发生褐变的水心病苹果不计入不合格果。

六、苹果期货的交割方式及注意问题有哪些？

（一）期货交割定义

期货交割是指期货合约到期时，按照交易所的规则和规定程序，交易双方通过该期货合约标的物所有权的转移，了结到期未平仓合约的过程。客户的期货交割须由会员办理，并以会员名义在交易所进行，交割结果由客户承担。

（二）苹果期货交割方式

苹果期货有车（船）板交割、仓库交割和厂库交割等交割方式。

一是仓库交割。仓库交割是指卖方通过将指定仓库开具的相关商品仓库仓单转移给买方以完成实物交割的交割方式。

二是厂库交割。厂库交割是指卖方通过将指定交割厂库开具的相关商品标准仓单转移给买方以完成实物交割的交割方式。

三是车（船）板交割。车（船）板交割是指卖方在交易所指定交割计价点将货物装至买方汽车板、火车板或轮船板，完成货物交收的一种实物交割方式。

小贴士

什么是交割计价点

交割计价点，是指车（船）板交割时由交易所指定的用于计算双方各自应承担交割费用的地点。交易所在交割计价点设置指定仓库或者其他交割服务机构，买卖双方选择在交割计价点交割的，应通过以上机构开展，并须交付一定的费用。

七、苹果期货的交割库主要分布在哪些地区？交割费如何收取？

郑州商品交易所在设计苹果期货合约及相关制度时，将苹果期货基本价定在了主产区山东、陕西、甘肃、河南等地，同时还设立了多个交割仓库，充分发挥了苹果主产区的资源优势。截至 2020 年 11 月 3 日，苹果交割库主要分布在山东、陕西、甘肃、河南、山西 5 个省份共计 16 个厂库、16 个车板交割服务机构。具体信息见表 4 - 3。

表 4-3 **苹果交割库名录**

编号	名称	地址	厂库仓单额度（吨）	日发货速度（吨）	交割库类型
1801	陕西华圣企业（集团）股份有限公司	陕西省西安市未央湖旅游开发区	1000	100	交割厂库+车船板交割服务机构
1802	白水县盛隆果业有限责任公司	陕西省渭南市白水县北井头乡李家卓村	800	80	交割厂库+车船板交割服务机构
1805	延安中果生态农业科技有限公司	陕西省延安市延长县七里村镇白家川工业园区	800	80	交割厂库+车船板交割服务机构
1809	栖霞德丰食品有限公司	山东省栖霞市德丰路一号	800	80	交割厂库+车船板交割服务机构
1811	齐鲁泉源供应链有限公司	山东省栖霞松山工业园五台山路	1000	100	交割厂库+车船板交割服务机构
1812	莱州天赐宝物产有限公司	山东省莱州市程郭镇西程村	800	80	交割厂库+车船板交割服务机构
1813	三门峡二仙坡绿色果业有限公司	河南省三门峡市陕州区禹王路中段	600	60	交割厂库
1820	富县诚鑫农牧发展有限责任公司	陕西省延安市交道镇白家村	800	80	车船板交割服务机构
1822	宝鸡海升现代农业有限公司	陕西省宝鸡市千阳县南寨镇	800	80	交割厂库+车船板交割服务机构
1825	蓬莱金园保鲜食品有限公司	山东省烟台市蓬莱市大辛店镇工业园	800	80	交割厂库+车船板交割服务机构

续表

编号	名称	地址	厂库仓单额度（吨）	日发货速度（吨）	交割库类型
1827	庆阳市金鑫源果蔬冷藏有限责任公司	甘肃省庆阳市西峰区肖金镇工贸园区	800	80	交割厂库 + 车船板交割服务机构
1828	甘肃德美地缘现代农业集团有限公司	甘肃省平凉市静宁县城川镇红旗村农产品冷链物流产业园	800	80	交割厂库 + 车船板交割服务机构
1829	天水花牛苹果（集团）有限责任公司	甘肃省天水市麦积区廿里铺工业园区	800	80	交割厂库 + 车船板交割服务机构
1830	秦安雪原果品有限责任公司	甘肃省天水市秦安县安伏工业园区	800	80	交割厂库 + 车船板交割服务机构
1831	威海市翠虹果品股份有限公司	山东省荣成市城西街道办事处东岭后村	800	80	交割厂库 + 车船板交割服务机构
1832	烟台联盛果蔬有限公司	山东省烟台市经济技术开发区潮水镇衙前村	—	—	交割厂库 + 车船板交割服务机构
1834	栖霞市沃尔德果蔬冷藏有限公司	山东省烟台市栖霞市观里镇古村	—	—	交割厂库 + 车船板交割服务机构
1835	陕西粮农洛川果业有限公司	陕西省延安市洛川县苹果产业园区 17 号	—	—	交割厂库 + 车船板交割服务机构

注：“—”表示苹果车板交割服务机构。

资料来源：郑州商品交易所。

说明：郑州商品交易所持续更新苹果期货交割库，最新仓库名录以郑州商品交易所官网为准。

(一) 苹果期货车 (船) 板交割服务费 (见表 4-4)

表 4-4 苹果期货车 (船) 板交割服务费

货物状态	费用 (元/吨)	备注
已在库货物	0	—
新入库货物	150	包括出入库费及 15 天冷库储存费用

资料来源：郑州商品交易所。

备注：(1) 买方验货时发生抽样搬倒的，支付 20 元/吨的抽样搬倒费，费用由卖方承担；发生复检抽样的，费用由过错方承担。

(2) 装果容器为中转筐或纸箱的，另加收人工装卸费，费用由各车 (船) 板交割服务机构公示标准为准，由卖方承担。

说明：最新规定以郑州商品交易所官网更新为准。

(二) 装果容器使用费和分拣装箱服务费

交割完成后，买方使用原装果容器的，需支付装果容器使用费 (具体见表 4-5)；需要分拣装箱服务的，收费标准以各车 (船) 板交割服务机构公示标准为准，费用由买方承担。

表 4-5 苹果期货车 (船) 板交割服务费

装果容器种类	押金	租金
大铁 (木) 筐	300 元/个	1 元/天·个
中转筐	30 元/个	0.1 元/天·个

资料来源：郑州商品交易所。

备注：使用装果容器至该果季结束 (次年 9 月 15 日) 仍未归还的，押金可不退回。

说明：最新规定以郑州商品交易所官网更新为准。

（三）苹果期货质检费用（见表4－6）

表4－6 苹果期货质检费用

<table>
<tr><th colspan="3">项目</th><th>收费标准</th></tr>
<tr><td rowspan="8">检验项目</td><td rowspan="5">感官指标</td><td>果径</td><td rowspan="5">600元/样</td></tr>
<tr><td>色泽</td></tr>
<tr><td>果形</td></tr>
<tr><td>缺陷</td></tr>
<tr><td>果梗</td></tr>
<tr><td rowspan="2">理化指标</td><td>果实硬度</td><td rowspan="2">300元/样</td></tr>
<tr><td>可溶性固形物</td></tr>
<tr><td colspan="2">农药和污染物残留</td><td>按照检测单位对外公布的检测项目收费标准计收</td></tr>
<tr><td>其他项目</td><td colspan="2">抽样费</td><td>500元/人·天</td></tr>
</table>

备注：委托指定苹果质检机构检验的：

（1）差旅费

中华全国供销合作总社济南果品研究院

山东、河南地区：1200元/人·天　其他地区：1500元/人·天

中国检验认证集团河南有限公司

山东地区：1500元/人·天　其他地区：1200元/人·天

（2）每个样品最大数量100吨，不足100吨的按100吨计算。

（3）郑州商品交易所可根据工作量商质检机构确认检验人员数量。

资料来源：郑州商品交易所。

说明：最新规定以郑州商品交易所官网更新为准。

（四）交割手续费

苹果期货的交割手续费为0.5元/吨。

（五）仓单转让手续费、期货转现货手续费

苹果期货的仓单转让手续费、期货转现货手续费为0.5元/吨。

八、苹果期货的交割流程有哪些?

期货实物交割在交割月的连续 3 个交易日完成，分别称为第一交割日、第二交割日、第三交割日，可以适用的流程包括滚动交割和集中交割。

滚动交割，是指交割月第一个交易日至最后交易日的前一交易日，由卖方提出交割申请，并由交易所组织配对双方在规定时间内完成的交割。

集中交割，是指在合约最后交易日闭市后，交易所组织所有未平仓合约持有者进行的交割。

（一）滚动交割流程

1. 第一交割日（配对日）

（1）自进入交割月第一个交易日起至最后交易日的前一交易日，持有交割月合约且持有标准仓单或车（船）板交割货物卖方会员，可在每个交易日下午 2 时 30 分之前，通过会员服务系统按照下列情形提出交割申请:

①卖方提出标准仓单交割申请时，应同时提交相应的标准仓单信息。

②卖方提出车（船）板交割申请时，应同时提交相应的拟交割货物信息。苹果车（船）板信息包括：品种、果径、等级、质量容许度、数量、交割计价点等。

（2）买方会员在会员服务系统响应卖方会员的交割申请。

①买方会员响应的，即视为确认，买卖双方均不得撤销。

②未得到买方会员响应的，卖方会员可于申请当日下午 2 时 30 分之前撤销交割申请。

（3）当日闭市后，交易所按以下原则进行配对：

①对于得到买方会员响应的交割申请，交易所依据买卖双方相对应的持仓量、买卖双方确认申请量和卖方持有标准仓单量，取最小数进行配对。

②未得到买方会员响应的交割申请，交易所通过计算机系统，先按照

“建仓时间最早的法人持仓优先”原则，确定参与配对的买方持仓后予以配对（配对日）。由计算机系统按先车（船）板后仓单的原则予以配对（配对日）。

2. 第二交割日

买卖双方通过交易所会员服务系统收取“交割通知单”。

3. 第三交割日

交易所对买卖双方进行交割结算。

最后交易日闭市前，对于同一会员同一交易编码客户所持有的该交割月买卖持仓，若客户未提出不自动平仓申请，最后交易日闭市后，其相对应部分买卖持仓由计算机自动平仓，平仓价按当日结算价计算。其他未平仓合约，一律视为交割合约。

最后交易日闭市前，卖方将拟进行集中交割的仓单数量提交至交易所，交易所按照卖方提交的拟集中交割的仓单数量释放卖方保证金。卖方未在规定时间内提交仓单数量的，不释放卖方保证金。

（二）集中交割的交割流程

1. 第一交割日

最后交易日后的第一个交易日，卖方公布交割信息。卖方未公布车（船）板交割货物信息的，交易所按标准仓单交割对待。

2. 第二交割日（配对日）

（1）买方挑选卖方公布的交割信息。当日闭市前，非通用标准仓单或车（船）板品种交割的买方，根据卖方公布的仓单信息或者车（船）板交割的货物信息，自主选择并确认。买方挑选卖方标准仓单及车（船）板交割的总数量不超过卖方该合约的持仓量。卖方公布的、但未被买方选中的车（船）板交割，仍按照车（船）板交割方式进行配对。

（2）当日结算时，非通用标准仓单或者车（船）板交割的，交易所按照买卖双方确认结果进行配对；其他仍未配对的未平仓持仓，由计算机按先车（船）板后仓单，再按数量取整、最少配对数原则予以配对。通用标准仓单交割的买卖双方，由计算机系统按数量取整、最少配对数原则予以配对。

(3) 当日结算后，买卖双方通过交易所会员服务系统收取“交割通知单”。

3. 第三交割日

交易所对买卖双方进行交割结算。配对后，标准仓单交割的，卖方相应的标准仓单予以冻结，相应的保证金予以释放。车（船）板交割的，卖方保证金不予释放。交割关系一经确定，买卖双方不得擅自调整或者变更。会员对“交割通知单”有异议的，应在第三交割日上午9时之前以书面形式通知交易所；规定时间内没有提出异议的，视为对“交割通知单”的认可。

九、苹果期货的交割结算流程如何？

（一）标准仓单交割结算流程

1. 第三交割日上午9时之前，买方会员应当将尚欠货款划入交易所账户，卖方会员应当持有可流通的标准仓单。交易所结算部门为买卖双方办理交割结算手续，买卖双方在“交割通知单”注明的时间通过交易所会员服务系统查收交割结算结果；同时，买方会员把客户名称和税务登记证号等事项提供给卖方会员。

2. 交易所收取买方会员全额货款后，于第三交割日将全额货款的80%划转给卖方会员，同时将卖方会员的仓单交付买方会员。余款在买方会员确认收到卖方会员转交的增值税专用发票时结清。

（二）车（船）板交割结算流程

1. 第三交割日上午9时之前，买方会员应当将100%货款（不含买方保证金）划入交易所账户。

2. 买卖双方自第三交割日后规定时间，对车（船）板交割货物的交收事宜进行协商，办理交收。

3. 配对后至最后交货日次日，交易所按双方确认情况进行结算。

委托交易所结算的，全部货物交收完毕后，买方或者卖方一次性提交此次交割货物数量、质量、增值税发票流转及应划转货款等信息，对方应在当日内进行确认，若有异议，应在提交信息之日起（含该日）3 个交易日内提供有效证明。逾期未提交有效证明的，系统将按照发起方提交的信息自动确认。交易所按双方确认结果进行资金划转、释放买卖双方的剩余资金。不委托交易所结算的，交易所退还买卖双方交易保证金和买方货款。买卖双方终止交割。

小贴士

交割结算价如何计算?

滚动交割的交割结算价为期货合约配对日（含该日）前 10 个交易日交易结算价的算术平均价。集中交割的交割结算价为期货合约最后交易日（含该日）前 10 个交易日交易结算价的算术平均价。

十、什么是期转现?

期转现，是指持有同一交割月份合约的多空双方之间达成现货买卖协议后，变期货部位为现货部位的交易。达成期转现协议的双方共同向交易所提出申请，获得交易所批准后，分别将各自持仓按双方达成的平仓价格由交易所代为平仓（现货的买方在期货市场应当持有多头部位，现货的卖方在期货市场应当持有空头部位）。同时，双方按达成的现货买卖协议进行与期货合约标的物种类相同、数量相当的现货交换。

十一、苹果期货复检的解决办法有哪些?

苹果买卖双方发生质量争议时，应协商解决。协商不一致的，应当在货物未离开指定车（船）板交割场所情况下向交易所提出复检申请，并说明需要复检的质量指标。交易所指定质检机构进行检验，复检机构自收到交易所复检通知之日（不含该日）起5个工作日内应当作出复检结果，复检结果为解决争议的依据。复检费用由过错方承担，并应当在复检结果出具日（不含该日）起2个工作日内通过交割服务机构支付。其中：

- 复检结果确定的质量容许度的等级高于（包括等于）车（船）板信息标示的等级，以车（船）板信息标示的等级为准，由此产生的复检及相关费用由争议提出方承担；
- 复检结果确定的质量容许度的等级低于车（船）板信息标示的等级，但在交割标准允许范围内，以复检结果确定的等级为准，买方应当接受，由此产生的一切费用和责任由卖方承担。

十二、苹果期货的发票如何流转?

期货交割由交割卖方向对应的买方开具增值税专用（普通）发票。增值税专用（普通）发票由双方会员协助客户直接联系、办理发票交收。双方会员负责调解、处理相关纠纷。

苹果卖方应开具增值税专用发票或农产品销售发票。

配对日后的1个工作日内，买方应按照税务机关的规定将开具增值税发票所需的具体信息通知卖方。标准仓单交割的，自第三交割日（不含该日）

起7个交易日内，卖方应当提交增值税专用（普通）发票。延迟1～10日（公历日）的，卖方会员应当每天支付货款金额0.5‰的滞纳金；超过10日（公历日）仍未提供增值税专用（普通）发票的，视为拒绝提供增值税专用（普通）发票，卖方会员应当按货款金额的规定比例支付违约金。各品种违约金比例按照国家税务部门公布的增值税税率执行。滞纳金或者违约金从货款余额中扣除，补偿给买方会员，剩余货款属于卖方会员。卖方会员先行支付滞纳金或者违约金后，有权向客户追偿。

买方会员应在收到卖方会员转交的增值税专用（普通）发票2个工作日内（含该日），对增值税专用（普通）发票进行确认。因买方会员提供资料有误，致使发票作废的，买方会员责任自负；买方会员提供资料延迟的，卖方会员提供发票时间可以顺延。自第三交割日（不含该日）起超过7个交易日，买方会员仍未提供有关资料的，交易所划转剩余20%货款至卖方会员，由此造成的后果由买方自负。

交易所可根据国家税收政策变化，对违约金比例作相应调整。

十三、苹果期货合约的涨跌停板制度是什么？有什么作用？

（一）涨跌停板制度

期货交易实行价格涨跌停板制度，由交易所规定各上市期货合约的每日最大价格波动幅度。

苹果期货合约每日涨跌停板幅度为前一交易日结算价的±5%。新期货合约上市当日至成交首日，涨跌停板幅度为期货合约实际执行的涨跌停板幅度的2倍。新期货合约成交首日的下一交易日，涨跌停板幅度恢复为期货合约实际执行的涨跌停板幅度。某期货合约以涨跌停板价格成交的，成交撮合原则为平仓优先和时间优先。

小贴士

单边市

某期货合约在某一交易日收盘前5分钟内出现只有停板价位的买入（卖出）申报、没有停板价位的卖出（买入）申报，或者一有卖出（买入）申报就成交、但未打开停板价位的情况，称为涨（跌）停板单方无报价。

某期货合约在某一交易日（该交易日称为D1交易日，以下几个交易日分别称为D2、D3、D4、D5交易日）出现单边市的，D2交易日该期货合约的涨跌停板幅度为在D1交易日涨跌停板幅度的基础上增加3个百分点；D1交易日结算时和D2交易日该期货合约交易保证金标准为在D2交易日涨跌停板幅度的基础上增加2个百分点。若该合约调整后的交易保证金标准低于D1交易日执行的交易保证金标准，则按D1交易日该合约执行的交易保证金标准收取。

D2交易日该期货合约未出现同方向单边市的，当日结算时交易保证金标准恢复到正常水平；D3交易日涨跌停板幅度恢复到正常水平。D2交易日出现同方向单边市的，D3交易日该期货合约的涨跌停板幅度为在D2交易日涨跌停板幅度的基础上增加3个百分点；D2交易日结算时和D3交易日该期货合约交易保证金标准为在D3交易日涨跌停板幅度的基础上增加2个百分点。若该合约调整后的交易保证金标准低于D2交易日执行的交易保证金标准，则按D2交易日该合约执行的交易保证金标准收取。

D3交易日该期货合约未出现同方向单边市的，当日结算时交易保证金标准恢复到正常水平；D4交易日涨跌停板幅度恢复到正常水平。D3交易日该期货合约仍出现同方向单边市的（即连续三个交易日出现同方向单边市），交易所可根据市场情况决定并公告，对该合约实施下列三种措施中的任意一种：

措施一：D4交易日继续交易，交易所可以采取调整交易保证金标准、调整涨跌停板幅度、暂停开仓、暂停平仓、限制出金、限期平仓及其他风险控制措施。

措施二：D4 交易日暂停交易一天，交易所在 D5 交易日可以采取调整交易保证金标准、调整涨跌停板幅度、暂停开仓、暂停平仓、限制出金、限期平仓及其他风险控制措施。

措施三：D4 交易日暂停交易一天，交易所在 D4 交易日强制减仓。强制减仓后，从下一交易日（含该日）开始，该期货合约交易保证金标准和涨跌停板幅度按照 D3 交易日的标准执行，直至该期货合约不再出现同方向单边市。

当 D2 及以后交易日出现与前一交易日反方向涨跌停板单边市，则视作新一轮单边市开始，该日即视为 D1 交易日，下一交易日涨跌停板幅度和交易保证金标准参照上文有关单边市的规定执行，具体以《郑州商品交易所期货交易风险控制管理办法》等相关规定为准。

（二）强制减仓

1. 强制减仓的定义

强制减仓，是指 D4 交易日结算时，交易所将 D3 交易日闭市时以涨跌停板价申报的未成交平仓报单，且该客户（包括非期货公司会员，下同）该期货合约单位持仓亏损大于或者等于 D3 交易日结算价一定比例（该期货合约规定的最低交易保证金标准）的所有持仓，以 D3 交易日涨跌停板价，与该期货合约盈利持仓按规定方式和方法自动撮合成交。

强制减仓前，同一客户在该期货合约的双向持仓首先自动对冲。强制减仓造成的经济损失由会员、境外经纪机构及客户承担。

2. 强制减仓的方法和程序

（1）申报数量的确定。D3 交易日收市后，已在计算机系统中以涨（跌）停板价申报但没有成交的，且该客户该期货合约的单位持仓亏损大于或者等于 D3 交易日结算价一定比例（该期货合约规定的最低交易保证金标准）的所有申报平仓数量的总和，因自动对冲客户双向持仓造成客户持仓少于平仓单所报数量时，系统自动将平仓数量进行调整。客户不愿按上述方法平仓的，可在收市前撤单，不作为申报的平仓报单。

客户单位持仓盈亏的计算方法：

客户该期货合约单位持仓盈亏 = 客户该期货合约持仓盈亏的总和

（元）/客户该合约的持仓量（手）

客户该期货合约持仓盈亏总和，是指客户该期货合约的持仓按其实际成交价与当日结算价之差计算的盈亏总和。

（2）持仓盈利客户平仓范围的确定。根据上述方法计算的客户单位持仓盈利的投机持仓（包括套利持仓）以及客户单位持仓盈利大于或等于期货合约规定价幅2倍的保值持仓都列入平仓范围。

（3）平仓数量的分配原则。

①在平仓范围内按盈利的大小和投机与保值的不同分成四级，逐级进行分配。

首先分配给属平仓范围内单位持仓盈利大于或者等于期货合约规定价幅（以D3交易日结算价计算，下同）2倍的投机持仓（以下简称盈利2倍的投机持仓）。

其次分配给单位持仓盈利大于或者等于期货合约规定价幅1倍的投机持仓（以下简称盈利1倍的投机持仓）。

再次分配给单位持仓盈利大于或者等于期货合约规定价幅1倍以下的投机持仓（以下简称盈利1倍以下的投机持仓）。

最后分配给单位持仓盈利大于或等于合约规定价幅2倍的保值持仓（以下简称盈利2倍的保值持仓）。

②以上各级分配比例均按申报平仓数量（剩余申报平仓数量）与各级可平仓的盈利持仓数量之比进行分配。

（4）平仓数量的分配方法及步骤

• 盈利2倍的投机持仓数量≥申报平仓数量，根据申报平仓数量与盈利2倍的投机持仓数量的比例，将申报平仓数量向盈利2倍的投机客户等比例分配实际平仓数量。

• 盈利2倍的投机持仓数量<申报平仓数量，则根据盈利2倍的投机持仓数量与申报平仓数量的比例，将盈利2倍的投机持仓数量向申报平仓客户分配实际平仓数量；再把剩余的申报平仓数量按上述的分配方法向盈利1倍的投机持仓分配；还有剩余的，再向盈利1倍以下的投机持仓分配；若还有剩余，再向盈利2倍的保值持仓分配；仍有剩余的，不再分配。

分配平仓数量以“手”为单位，不足1手的按如下方法计算：首先对每个交易编码所分配到的平仓数量的整数部分进行分配，然后按小数部分由大到小的顺序“进位取整”进行分配。

采取上述措施后该期货合约风险仍未释放的，交易所宣布进入异常情况，并按有关规定采取风险控制措施。

某期货合约在交割月的最后交易日出现第三个连续同方向单边市的，则当日闭市后，交易所根据市场情况，决定对该期货合约先执行强制减仓之后配对交割或者直接配对交割。

十四、苹果期货是如何限仓的？

苹果期货实行限仓制度。限仓是指交易所规定会员或者客户按单边计算的、可以持有某一期货合约投机持仓的最大数量（见表 4－7）。

表 4－7 苹果期货非期货公司会员及客户最大单边持仓量

品种	合约挂牌至交割月前一个月第 15 个日历日期间的交易日限仓标准	交割月前一个月第 16 个日历日至交割月前一个月最后一个日历日期间的交易日	交割月份（自然人客户限仓为 0）
苹果	1000 手	200 手	20 手

注：此限仓制度自 2110 合约开始执行。

资料来源：郑州商品交易所。

说明：郑州商品交易所持续更新苹果期货限仓规定，最新规定以郑州商品交易所官网信息为准。

交割月前一个月的最后一个交易日收盘前，会员及客户应当将其期货合约持仓调整为最小交割单位的整倍数；自进入交割月起，会员及客户的持仓应当是最小交割单位的整倍数。

同一客户在不同期货公司会员处开有多个交易编码，各交易编码上所有持仓的合计数，不得超出一个客户的限仓数额。非期货公司会员或者客户的持仓数量不得超过交易所规定的持仓限额。

非期货公司会员或者客户超过持仓限额的，交易所按照有关规定进行处理，并可以采取要求提交书面说明、书面警示、约见谈话、限制开仓等措施。

自测题

一、填空题

1. 交易所指定质检机构进行检验，复检机构自收到交易所复检通知之日（不含该日）起（　　）工作日内应当作出复检结果。

2. 卖方超过（　　）（公历日）仍未提供增值税专用（普通）发票的，视为拒绝提供增值税专用（普通）发票，并按货款金额的规定比例支付违约金。

3. 新期货合约上市当日至成交首日，涨跌停板幅度为期货合约实际执行的涨跌停板幅度的（　　）。

4. 某期货合约在某一交易日收盘前（　　）内出现只有停板价位的买入（卖出）申报、没有停板价位的卖出（买入）申报，或者一有卖出（买入）申报就成交、但未打开停板价位的情况，称为涨（跌）停板单方无报价。

5. 苹果期货合约每日涨跌停板幅度为前一交易日结算价的（　　）。

二、判断题

1. 苹果期货合约最小变动单位为 2 元/吨。（　　）

2. 仓库交割是指卖方通过将指定交割厂库开具的相关商品标准仓单转移给买方以完成实物交割的交割方式。（　　）

3. 滚动交割是由买方提出交割申请，并由交易所组织配对双方在规定时间内完成的交割。（　　）

4. 滚动交割中，得到买方会员响应的交割申请，交易所依据买卖双方相对应的持仓量、买卖双方确认申请量和卖方持有标准仓单量，取最小数进

行配对。 （ ）

5. 在集中交割的第二交割日，买方挑选卖方标准仓单及车（船）板交割的总数量不超过卖方该合约的持仓量。 （ ）

三、单项选择题

1. 根据苹果期货合约规则规定，苹果期货交易单位为（ ）。

A. 5 吨/手　　B. 8 吨/手
C. 10 吨/手　　D. 15 吨/手

2. 苹果期货实物交割在交割月的连续（ ）交易日完成。

A. 2 个　　B. 3 个
C. 4 个　　D. 5 个

3. 滚动交割中，未得到买方会员响应的交割申请，卖方会员可于申请当日下午（ ）之前撤销交割申请。

A. 1：30　　B. 2：00
C. 2：30　　D. 3：00

4. 集中交割中，会员对“交割通知单”有异议的，应在第三交割日上午（ ）之前以书面形式通知交易所。

A. 9：00　　B. 9：30
C. 10：00　　D. 10：30

5. 在标准仓单交割结算中，交易所收取买方会员全额货款后，于第三交割日将全额货款的（ ）划转给卖方会员，同时将卖方会员的仓单交付买方会员。

A. 60%　　B. 70%
C. 80%　　D. 90%

四、不定项选择题

1. 苹果期货交割库主要分布在山东、（ ）、（ ）、河南等四个省份。

A. 山西　　B. 河北
C. 甘肃　　D. 陕西

2. 苹果期货合约交割月份为 1 月、3 月、（ ）月、（ ）月、10

月、11 月、12 月。

A. 4　　B. 5

C. 6　　D. 8

3. 苹果期货的交割可以适用的流程包括（　　）和（　　）。

A. 分类交割　　B. 滚动交割

C. 统一交割　　D. 集中交割

4. 若卖方会员延迟（　　）日至（　　）日（公历日）提供增值税专用（普通）发票，卖方会员应当每天支付货款金额 0.5‰的滞纳金。

A. 1　　B. 2

C. 8　　D. 10

5. 期货公司会员或者客户超过持仓限额的，交易所按照有关规定进行处理，并可以采取（　　）、（　　）和（　　）等要求。

A. 书面警示　　B. 约见谈话

C. 限制开仓　　D. 立即平仓

参考答案

一、填空题

1. 5 个　2. 10 日　3. 2 倍　4. 5 分钟　5. ±5%

二、判断题

1. 错　2. 错　3. 错　4. 对　5. 对

三、单项选择题

1. C　2. B　3. C　4. A　5. C

四、不定项选择题

1. CD　2. AB　3. BD　4. AD　5. ABC

第五章

影响苹果期货价格变动的因素

本章要点

本章主要从影响苹果期货价格的因素入手，逐一对供求关系、生产成本、替代因素、自然灾害以及国家政策等影响因素进行分析，帮助投资者理解苹果期货价格的影响因素。

一、影响苹果价格的主要因素有哪些？

我国苹果市场化程度高，价格完全由市场供需主导，而供需又受多方面因素影响。影响供给的因素包括：种植面积、单产、天气、采摘时间、苹果质量、库存量等；影响需求的因素包括：宏观经济形势、节日、与替代品之间的比价、出口等。

二、供求关系如何影响苹果期货价格?

从经济学的角度来讲，供给与需求是影响市场价格变化的终极原理。具体来看：供给端主要是当年鲜果产量，作为季产年销的品种，在大量下树前围绕当年产量情况以及对当季开秤价的预估来博弈。一般来说，供给量和价格呈负相关关系。需求端受人均收入、消费者数量和消费偏好影响。首先，人口数量增加带来潜在消费者数量提升，苹果消费需求增加。随人均收入提高，人们的消费能力提升，苹果及其深加工产品的消费需求提高，促使价格提升；但当人均收入达到一定水平时，苹果在消费偏好构成中的地位发生了转变，变成了生活必需品，之后苹果消费需求基本保持稳定或小幅增长。

此外，由于苹果生产周期长，加上库存量，总供给不太可能在 1 ~2 年内急剧增加或减少，也就是说，需求量变动后供给端存在滞后性。供给弹性较小，在价格变化上体现出短时间内不会出现大幅变动，但一定时间段内有惯性波动。

以具体例子来看，2018/2019 年产季苹果花期遭受倒春寒影响，造成全国多个产区大面积减产，当年苹果入库率明显下降。据统计，山东产区 2018/2019 年入库率为 51. 66%，同比下降 34. 10%；西部产区 2018/2019 年 = 入库率仅 38. 14%，同比下降 57. 72% （见图 5 – 1），苹果作为季产年销的水果，在供给量下降明显的情况下，全年苹果供应偏紧，苹果价格持续上涨。

小贴士

倒春寒是什么意思?

倒春寒，是指初春（一般指 3 月）气温回升较快，而在春季后期（一般指 4 月或 5 月）气温较正常年份偏低的天气现象。气象学中，受较强冷空气频繁袭击后，气温下降较快，并持续时间长达 1～2 个星期以上的前暖后冷才称作“倒春寒”。“倒春寒”天气中可能产生农作物冻害，并可能引发流感、气管炎等疾病。

2019/2020 年产季整体天气较为正常，入库率同比大幅增加，其中，西部产区同比增幅 1 倍以上，山东产区同比增幅达 55.17%，入库率与 2017/2018 年产季入库率基本持平。全年苹果形成了供应充足的局面，叠加新冠肺炎疫情导致苹果销售受阻，整体消费不佳，苹果价格一路下跌。

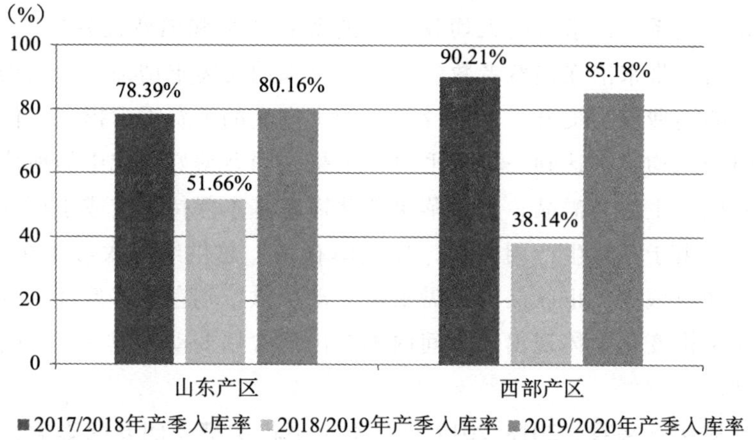

图 5－1　山东产区及西部产区苹果入库率情况（2017/2018 年产季～2019/2020 年产季）

资料来源：鲁证期货研究所整理

三、苹果有哪些季节性消费特点？

苹果季产年销，可以长时间存储，需求弹性较高，价格波动具有农产品特有的季节性特点。一般来说，苹果采收期为 8～11 月期间，价格相对较低。此后，随着生鲜苹果供应逐渐减少，苹果价格开始逐步抬升，至第二年

3～5月，冷风库储藏的苹果供应接近尾声，气调库苹果上市，由于气调库储藏费用较高，苹果价格一般在这一阶段达到年内最高价（见图5－2），年内价格波动周期性明显。

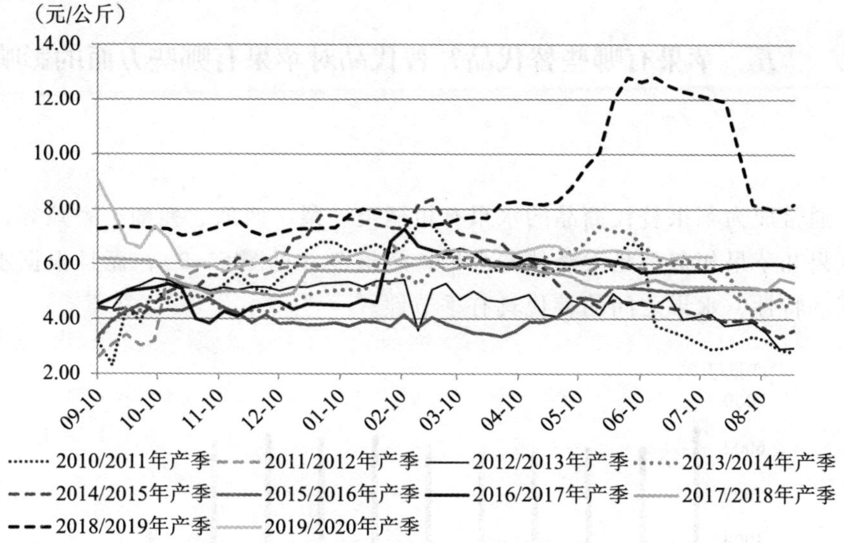

图5－2　2010/2011年产季～2019/2020年产季我国苹果价格走势

资料来源：中国农业部

四、苹果的生产成本对苹果期货价格的影响大吗？

苹果的主要成本包括种植成本和冷藏存储费用。其中，种植成本又包括人工成本、化肥农药、果袋和机械折旧等，这些成本近年来呈直线上升趋势。成本上升，售价反而一直下跌，这种情况下很容易出现“丰产却不丰收”的状况，极大地打击了苹果生产积极性，促使未来供给逐渐下滑，直至价格再次上涨。

在牛市中，苹果期货价格与生产成本的相关性不高，但在正常年份或者下跌年份，比如开市价格过低，接近成本线，农户会惜售将苹果存储到冷库中，因此在期货跌至成本线附近会有大量的买盘介入，支撑期货价格。

五、苹果有哪些替代品？替代品对苹果有哪些方面的影响？

通常成为苹果替代商品的水果有柑橘类、梨、西瓜、葡萄、香蕉等，替代水果和苹果相似都是大众消费水果，产量多（见图 5－3），而且根据水果不同的特性，水果之间的替代具有季节性。

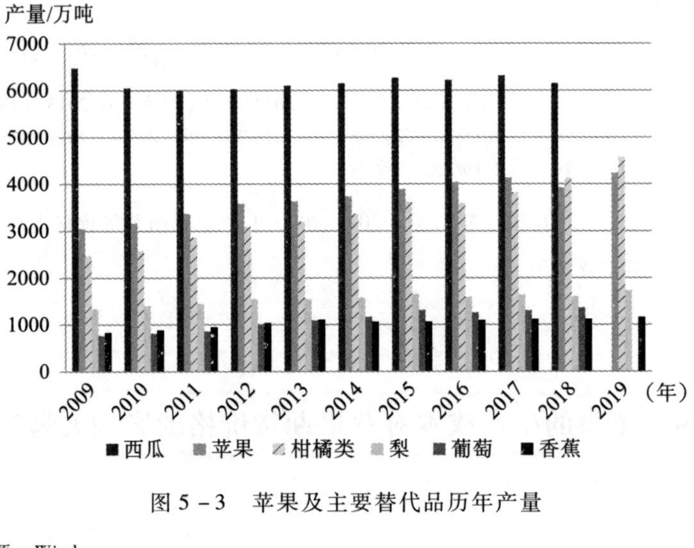

图 5－3 苹果及主要替代品历年产量

资料来源：Wind

（一）柑橘类水果

柑橘类水果主要分为甜橙、宽皮柑橘、葡萄柚、柠檬四大类。柑橘类水果产量在 2018 年产量超过苹果，成为我国第一大水果。柑橘类水果上市集中在冬春季节，而且口味酸甜、食用方便，尤其是近年来迅速发展的砂糖橘、脐橙等柑橘类水果，迅速抢占了冬春季节的水果市场份额，而且柑橘类水果产量逐年增加、丰产年份价格相对较低，在冬春季节可能会激发消费者增加柑橘类水果的需求而降低苹果的需求，因此柑橘类水果对苹果具有较强的替代性。

（二）西瓜

西瓜是我国瓜果类产量最高的瓜果，西瓜有着产量高、价格低、上市时间集中的特点，在水果行业里有句话叫作“西瓜是孬种，下来啥都顶”，每年5~7月西瓜集中上市，在大型超市、生鲜小店、街边小贩、电商随处可见西瓜的身影，由于西瓜在夏天口感好，具有解暑功效，而且价格低于其他水果，对其他水果具有一定的替代作用，夏季也是库存苹果的消费淡季，西瓜上市对苹果消费造成压力。

（三）梨

梨是我国重要的水果之一，主要品类为皇冠梨、鸭梨、酥梨、雪花梨、香梨等，而且梨的生长、采收、收购、仓储、销售等时期与苹果相似，根据近年来数据统计显示苹果和梨价格具有较强的相关性（相关系数0.84），从销售端看梨对苹果具有较强的相关性。

（四）香蕉

香蕉在我国果业中占有比较重要的位置，在热区经济和农村社会发展中发挥着重要作用，不同地区上市日期不同，广东、广西、福建产区香蕉的上市日期为8~12月，云南、老挝、缅甸产区香蕉的上市日期是1~5月，从上市日期看几乎全年都有香蕉上市，而且香蕉价格较低，口感较好对苹果有一定的替代作用。

（五）葡萄

葡萄作为我国果业的重要水果之一，近年来产量、面积呈上升趋势，而且葡萄主产区分布较广，主要种植区域为渤海湾产区、西北干旱新疆产区、黄土高原干旱半干旱产区、东北及西北高玉环低温冷凉产区及西南产区等，葡萄种植区域广，但是局部地区上市时期集中，而且葡萄具有不耐储存的特点，导致葡萄收购价格会随着上市量的增加出现价格下降的现象。葡萄集中上市的时期会抢占苹果销售市场，对苹果具有一定的替代性。

其他对苹果具有替代性的水果还有桃子、樱桃、进口水果等。从本质上看，虽然水果之间在价格、销售时期会有一定的相关性，但是各类水果还是有一定的差异性，从替代的强度上可以分为以下几类：

首先，苹果替代性最强的是产量、面积能与苹果相媲美的柑橘类水果；

其次，苹果替代性较强的是与苹果上市日期相近、价格相近的梨、香蕉等水果以及冬季水果；

最后，热带水果和瓜类水果具有消费时间较短、价格高等自身消费特性，与苹果之间的替代性较弱。

六、自然灾害对苹果期货价格有什么影响？

商品期货市场有句话叫“工业品看需求，农产品看供给”，而天气作为影响供应的主要因素，历来是预测农产品价格走势的一大参照指标。很大程度上不可控的天气因素对苹果的产量影响很大。

（一）苹果的抗寒能力

苹果树整体抗寒能力较强，在冬季最低气温不低于－25℃的地区都可以栽培，主要与树势的强弱和结果量大小有关系。生长旺盛的幼树，如果冬季来临前不能及时停止生长易遭受冻害，结果过多的树冬季也易遭受冻害。但针对期货行情而言，苹果树的冻害整体关注度较低，更多的是苹果花和幼果的抗冻性，尤其是在每年的4月花期来临的时候，气温乍暖还寒，冷空气的影响成为每个产季关注的关键节点。

相关研究表明，果树萌动后，各器官抗寒力逐渐下降，其受冻的临界温度是：花蕾期－2.1℃左右，花期－1.7℃左右，幼果期－1.1℃左右，一般

稳定在 -2℃以下，果树便出现霜冻现象。如富士系苹果花晚霜冻临界温度为 -2℃，且气温越低、持续时间越长，苹果花的受冻率就越高（见表5-1）。

表5-1　　研究资料中判定霜冻等级的标准

霜冻等级	极端最低气温（℃）	0℃以下低温持续时间（小时）	受冻率（%）	受冻表现
轻度	-2	≤6	<30	花药、花丝、子房均完好，仅个别受冻，不影响坐果
	-3	≤5		
中度	-2	≥7	30~80	花药呈黄褐色，花丝发红且变形，子房受冻发黑，影响坐果及产量
	-3	≥6		
	-4	≤4		
重度	-4	≥5	>80	花药、花丝呈黑色，变形严重，子房内全部变黑，绝产
	-5	≥4		

小贴士

霜冻影响机理是什么

霜冻，是指空气温度突然下降，使植物体温降低到0℃以下而受到损害甚至死亡的农业气象灾害。其危害的机理是：

①温度下降到0℃以下时，细胞间隙间的水分形成冰晶，细胞内原生质与液泡逐渐脱水和凝固，使细胞致死。

②解冻时细胞间隙中的冰融化成水很快蒸发，原生质因失水使植物干死。

苹果产量和品质受天气影响较大，从苹果期货上市以来，不良天气出现都会使苹果期货价格大幅波动。在苹果生长期一旦发生自然灾害会降低市场对未来苹果产量预期，期货价格会立即对减产预期做出反应，但一旦预期证伪，期货价格又会随之回归。

延伸阅读

近几年花期苹果受冻影响情况

2018 年 4 月 6 ~ 8 日，清明期间，倒春寒天气席卷全国，尤其是西部苹果主产区由于温度高，花期提前，正好处于盛花期，受影响更为严重，预期产量大幅下降。苹果期货 2018/2019 年产季合约大幅上涨。2018/2019 年产季期初库存低，随着库存逐渐下降，市场供求关系发生变化，逐渐由买方市场转变为卖方市场，现货价格持续上涨，突破历史新高。主力合约 1905 经历短期回调后也不断创出新高，最终以合约最高价 14534 元/吨收盘。1907 合约进入交割月后突破 16000 元/吨大关，这也是目前苹果期货上市以来最高价格。

2019/2020 年产季清明前后全国产区天气正常，花期状况良好，在丰收的预期下期货持续下跌，最低点至 7585 元/吨，但到坐果期有产区反映坐果情况不及预期，出现一树花、半树果的情况，全国产区有减产预估，加上产区局部出现干旱、冰雹等不良天气，盘面一路冲高至 10190 元/吨。届时，水果自由讨论甚嚣尘上，国家领导人在山东调研水果店、央视财经专题报道等引发舆论热点，再加上应季水果逐渐上量，价格相对较低，高价苹果难以支撑，出现回落，期货价格随后大幅回调。

2020 年 3 月中旬至 4 月下旬，全国产区经历了三次比较大范围的降温天气，其中影响最大的是 4 月 24 日，此次降温对陕西、山西、甘肃部分产区影响较大，最低气温降至 −8℃，产区苹果正处于盛花期至落花坐果期，苹果盛花期至幼果期抗寒能力弱，部分产区受此次降温影响较重。受此影响，4 月 24 日当天新季合约封于涨停板，多头情绪高涨，27 日开盘又是跳空高开封于涨停板，主力苹果合约 2010 报收 9161 点。但是随后陆续的套袋数据证实此次冻害呈条状分布，部分地区减产严重，但整体看远不及 2018 年减产，预期证伪，远月期价开启漫漫下跌路。

（二）苹果的抗旱能力

春季苹果新梢旺盛生长期（5 ~ 6 月）是苹果的需水临界期，也正是我国北方苹果产区春季干旱期，若此期供水良好则新梢生长旺盛并能及时停止生长，这对后期的果实增长和花芽分化有良好的影响。

七、国家政策对苹果价格有什么影响？

国家政策对苹果价格的影响体现在两方面。

一方面是国家经济政策，在经济发展形势较好的情况下，宏观政策较宽松，苹果市场的生产积极性相对较高，苹果价格随通胀有一定增长；若经济低迷，采取紧缩宏观政策，苹果价格也相应下降。

另一方面则是农业政策变化，如针对果农的补贴和减免等政策，一般有利的农业政策出台会刺激果农生产苹果积极性，加大投产力度，从而提升供给量，虽然价格会下跌，但因为存在补贴和减免，仍能在一定程度上保障果农利益。

自测题

一、填空题

1. 从经济学的角度来讲，（　　）与（　　）是影响市场价格变化的终极原理。

2. 若苹果花期遭受倒春寒影响，则预测苹果价格将会（　　）。

3. 苹果种植成本主要包括（　　）、化肥农药、果袋和机械折旧等。

4. 在期货跌至成本线附近会有大量的（　　）介入，支撑期货价格。

5. 西瓜、葡萄作为时令水果，在价格上呈现较（　　）的波动。

二、判断题

1. 我国苹果市场化程度高，价格完全由市场供需主导。 ( )

2. 苹果季产年销，可以长时间存储，需求弹性较小，价格波动具有农产品特有的季节性特点。 ( )

3. 由于气调库储藏费用较高，苹果价格一般在这一阶段达到年内最高价。 ( )

4. 苹果价格在牛市中与成本相关不大。 ( )

5. 天气作为影响供应的主要因素，历来是预测农产品价格走势的一大参照指标。 ( )

三、单项选择题

1. ( ) 增加带来潜在消费者数量提升，苹果消费需求增加。

A. 经济政策　　B. 人均收入

C. 人口数量　　D. 宏观调控

2. 若苹果供给弹性 ( )，在价格变化上体现出短时间内不会出现大幅变动，但一定时间段内有惯性波动。

A. 较大　　B. 较小

C. 不变　　D. 消失

3. 每年 5 ~ 7 月 ( ) 上市对其他水果具有一定替代作用。

A. 柑橘　　B. 桃

C. 梨　　D. 西瓜

4. ( ) 的耐储性、上市周期与苹果基本一致，具有较强的替代性。

A. 梨　　B. 葡萄

C. 桃　　D. 柑橘

5. 一般来说，苹果采收期 8 ~ 11 月期间，至第二年 ( ) 间，冷风库储藏的苹果供应接近尾声，气调库苹果上市。

A. 3 ~ 5 月　　B. 4 ~ 6 月

C. 6 ~ 7 月　　D. 7 ~ 8 月

四、不定项选择题

1. 需求端由（ ）、（ ）和（ ）构成。

A. 经济政策　　B. 人均收入

C. 消费者数量　　D. 消费偏好

2. 苹果的主要成本来源包括（ ）和（ ）。

A. 运输成本　　B. 种植成本

C. 冷藏存储成本　　D. 损耗成本

3. 一般来说冬季（ ）、（ ）价格较高，市场供应量少，市场走货速度慢，对苹果替代总用不大。

A. 梨　　B. 葡萄

C. 西瓜　　D. 柑橘

4. 广东、广西、福建产区香蕉的上市日期为（ ）至（ ）。

A. 3 月　　B. 8 月

C. 5 月　　D. 12 月

5. 国家政策对苹果价格的影响体现在两方面：（ ）和（ ）。

A. 农业政策　　B. 环保政策

C. 经济政策　　D. 市场政策

参考答案

一、填空题

1. 供给　需求　2. 上涨　3. 人工成本　4. 买盘　5. 大

二、判断题

1. 对　2. 错　3. 对　4. 对　5. 对

三、单项选择题

1. C　2. B　3. D　4. A　5. A

四、不定项选择题

1. BCD　2. BC　3. BC　4. BD　5. AC

第六章

苹果期货在苹果产业中的应用

本章要点

本章主要介绍苹果产业利用苹果期货的几种方式，结合案例的形式与投资者分享当前的苹果期货是如何发挥功能和作用的。

苹果期货在郑州商品交易所上市以来，苹果期货的市场运行情况备受市场关注。随着苹果期货市场关注度和活跃度的不断提升，苹果期货在促进和推动苹果产业升级方面的作用也在逐步凸显。

一、苹果期货能够为果农带来什么帮助？

我国苹果主要生产者是广大果农，是整个苹果产业链的最上游。苹果种植区贫困县较多，中国农业部认定的122个苹果重点县市中，有33个是国家级贫困县。近年来苹果种植面积不断提高，但果农收入并未大幅提高，并受苹果价格波动影响较大。苹果是季产年销的生鲜品种，果农在市场上缺乏议价能力与竞争力，只能被动承受价格波动风险。苹果价格波动剧烈，往往会出现丰产不丰收、果贱伤农、销售难等现象，给果农带来了很大损失。

（一）苹果期货有助于形成公开透明的苹果市场价格，为果农带来现货价格参考

苹果期货上市后，影响苹果价格的信息充分反映到苹果期货价格上，及时有效地反映了现货市场变化，形成公开透明的苹果市场价格，提升了价格的发现效率和透明度，为果农带来了现货价格的参考依据。

随着社会各界对苹果期货认识的不断提高，苹果期货价格及其风向标作用受到越来越多产业内外主体的关注。苹果期货价格逐渐提前体现陕西、山东、甘肃、河南、河北等主产区的现货价格走势，苹果期货价格发现的功能在 2018 年、2019 年上市的新季富士苹果就完美体现了这一点。2018 年全国范围的霜冻，使得期货价格水涨船高，苹果下树后开秤价格较往年高，而且随着收购的进行，价格一直稳步提高。2019 年全国有丰产预期，苹果期货价格 9 月出现较大跌幅，而且早熟嘎啦苹果、美八苹果、早熟富士苹果价格都是高开低走，晚熟富士苹果价格也呈现出了低开低走的预期。

（二）期货新模式助力果农收入稳定

企业和政府通过应用“公司 + 合作社 + 农户”“期货 + 订单”“保险 + 期货”与“保险 + 期权”等模式服务于广大果农，保障农户收益稳定，而且苹果还能作为扶贫果，引导贫困地区与资本市场之间的资源有序流动，服务国家脱贫攻坚战略，实现苹果贫困县的精准扶贫的目标。

果农是小而散的群体，苹果期货对于果农来说仍然是新鲜事物，受制于经济条件和文化基础的影响，果农很难直接参与到这个专业化的市场。目前能直接参与期货市场的果农凤毛麟角，只有极小部分的大种植户或者合作社具备通过期货对苹果价格进行风险管理的意识。“保险 + 期货”作为一种创新型的应用模式，将苹果价格风险转移到期货市场，可以让更多果农间接参与期货市场，从而主动管理价格风险获得收益。但“保险 + 期货”有最低

交易量的参与门槛，同样也需要果农有价格风险管理的意识和一定的专业性基础，单一的农户无法参与。目前还需要合作社、相关苹果企业、保险公司或期货公司将广大的果农组织起来，统一指导。随着期货市场的发展和投资者教育的深入，“保险+期货”将惠及更多果农，为果农收入“保驾护航”。

近两年“保险+期货”试点范围不断扩大，助农惠农作用效果明显。据统计，2018~2019年，郑州商品交易所已支持11个苹果“保险+期货”试点项目，覆盖陕西、甘肃、山西等10个国家级贫困县，涉及农户近1.6万户，承保苹果现货10.3万吨。目前所有项目都已实现赔付，理赔金额合计4846万元，户均赔付3000多元，有效地保障了果农收益。

案例6-1

苹果产业是陕西富县的支柱产业，种植苹果单项收入占当地果农家庭总收入的70%以上。在2019年苹果产业增产、价格走低的形势下，“保险+期货”试点有效降低了当地果农增产不增收的风险。2019年11月，由太平洋财险承保，浙商期货、方正中期期货、锦泰期货合作实施的富县苹果“保险+期货”试点项目率先进入理赔阶段，1780户果农获得1800万元赔付，赔付率达到131%。同时，该项目通过引入银行融资贷款机制，为果农提供信贷资金55万元，有效解决了果农融资问题。试点成效得到当地政府的肯定与果农的认可，“种苹果要跟着期货行情走”成为当地一些果农的经验之谈。

案例6-2

通过“保险+期货”项目实施，既帮助贫困果农及果品企业规避潜在风险、稳定收入，又让保险公司有效对冲赔付风险，实现果农、保险公司、期货公司三方共赢。

2018年11月，静宁县苹果“银行+保险+期货”精准扶贫项目分两批共投入保费2300万元，承保苹果3000吨，覆盖1家合作社和300户苹果种植贫困户。项目结束，共赔付894420元，其中贫困户户均1321元。

2019年10月，郑州商品交易所苹果“保险+期货”县域全覆盖项目成功落户静宁县，当年共投入保费2300万元，承保苹果4.6万吨，实现全县24个乡镇8713户苹果种植贫困户全覆盖，赔付保险金额1676.34万元。

2019年底，静宁县果园面积稳定在100万亩以上，农户户均种植面积达到10亩，人均2.34亩，农民年人均果业收益5800元，占农村居民人均可支配收入70%以上，19.2万贫困人口依靠苹果产业实现稳定脱贫。

案例6-3

2018年1月，甘肃省首个苹果"保险+期货"试点扶贫项目在秦安县落地。该项目为秦安县叶堡镇马庙村以及郭嘉镇朱弯村20户贫困果农的15.2万斤苹果提供了价格保障。承保的20户果农共计获得了10.64万元赔偿，户均高达5300元。

2018年11月，太平洋产险与立信农保携手6家期货公司，将苹果"保险+期货"精准扶贫项目覆盖到秦安县建档立卡贫困户中的所有苹果种植户，惠及秦安县17个乡镇，155个行政村，4440户建档立卡贫困户。承保苹果规模8880吨，合约到期后，共向秦安县贫困果农支付了总计421.34万元的赔款。秦安县的"保险+期货"项目，对助力精准扶贫、服务"三农"、扩大金融产品供给等积极探索，形成了"秦安模式"，有效地保障了农民的收入。

2020年郑州商品交易所继续扩大了试点范围，6月11日开展苹果县域全覆盖试点项目3个，实施县域为陕西延长、陕西富县、甘肃静宁，"保险+期货"试点单位保费支持上限为350元/吨，单个全覆盖项目支持金额上限为1000万元。"保险+期货"分散试点项目5个，实施区域为甘肃和陕西，"保险+期货"试点单位保费支持上限为350元/吨，"保险+期货"试点单位保费支持上限为350元/吨；"农民合作社+场外期权"试点项目5个，试点实施区域为甘肃和陕西，试点单位权利金支持上限为330元/吨，单个项目支持金额上限为100万元。

二、冷库及收购客商如何做到期现结合？

在苹果期货上市之前，冷库及收购客商缺乏转移或规避市场风险的渠道，而且行情波动剧烈的年份有些客商及存货冷库可能面临严重亏损。2012～2016年，我国苹果平均批发价呈现涨跌交替的状态。2012～2014年，苹果批发价先跌后涨，苹果批发价格由2012年的均价5.43元/公斤快速下跌至2013年的4.47元/公斤，后又上涨至2014年的5.78元/公斤。2014年苹果下树后收购价较高，不少收购商入库以赌后市行情，但是2015年“五一”过后，我国苹果产区库存量较大，如山东烟台苹果出库率不到五成，苹果价格大幅下跌，山西临猗苹果出现滞销情况，因没有风险对冲的渠道和工具，冷库和收购商只能无奈承担大幅的亏损。苹果期货上市后，其对于指导、推动产业升级，提供市场价格信号，为果商、冷库等现货企业提供风险管理的工具，为各地苹果品牌的塑造和推广，起到了积极的作用。

苹果冷库以及收购商是苹果价格的主动接受者，是苹果期货的重要参与者，可以利用期货市场帮助规避现货价格波动风险。从期货交割的角度，苹果的储存企业分为一般储存冷库企业和苹果交割库企业，冷库企业也是苹果收购商。

（一）规避苹果价格风险

套期保值是期货市场的基本功能之一。期货套期保值是指把期货市场当作转移价格风险的场所，利用期货合约作为将来在现货市场上买卖商品的临时替代物，对其准备以后售出商品或对将来需要买进商品的价格进行保险的交易活动。同种商品的期货价格和现货价格随着期货合约到期日临近，两者趋于一致，期货和现货市场反方向操作，期货和现货两个市场盈亏相互对冲。冷库和收购商能够利用套期保值来规避现货价格下跌的风险，尤其在熊市中，如果担忧现货苹果价格下跌的风险，可以提前卖出期货套保，利用期货和现货走势趋同的原理，一旦价格下跌，期货的盈利将减少现货下跌带来的亏损，帮助企业渡过难关。

不过需要注意的是，在套保时需要与现货规模匹配。实践中部分企业随着对期货了解的不断深入，套保容易变形，期货仓位往往会超过需要保护的现货规模，出现更多的风险敞口，不仅没有起到规避风险的作用反而增加了风险。另外，套保过程中，一旦期货价格向相反方向波动，会造成保证金不足，可能会带来爆仓或者穿仓风险，因此需要提前制订套保计划，做好仓位和资金管理。

延伸阅读

期权套保的应用

近年来，大宗商品价格波动幅度越来越大，期货套保一旦价格向对企业不利的方向单边运行，企业的期货套保头寸就面临极大的保证金压力。如果遇到极端行情，资金无法满足保证期货头寸的要求，期货头寸就会被强行平仓。如果期货头寸被强平，企业的风险便被裸露，此时价格发生反转，则企业的套保功亏一篑，既亏了钱，又没有达到锁定价格的风险的目的。因此，当前成熟的市场企业期货套保逐步向期权套保转换。期权套保，相对于期货套保而言，资金占用率比较低，头寸处置灵活等。

（二）择时择价捕捉期现交易机会

苹果下树前，凭借丰富的经验，冷库和客商对未来苹果价格有自己的预期价位，一旦苹果期货价格超过预期价格，可以适时卖出期货，实现预期利润。

苹果下树后，冷库和收购商会通过分选，核算符合期货交割标准货源的成本。如果期货价格偏离成本较高时，可以卖出套保，锁定贸易利润，等待利润兑现；若交割月前利润没有兑现，则进入交割环节。

案例 6 - 4

2018 年 9 月下旬，晚熟富士即将进入收购季，某苹果合作社结合对晚熟富士的收购价预期以及对比期货价格发现，期货价格处于偏高位置，有一定的套利空间，于 9 月 20 日卖出 AP1911 合约 100 手，建仓均价为 11833 元/吨，10 月底期货进入交割月前平仓，平仓均价 10845 元/吨，每吨盈利 988 元（见表 6 - 1）。

表 6 - 1　　交易过程

	日期	操作	价格	数量	盈利
期货端	9 月 20 日	卖出开仓	11833	100 手	盈利 988 元/吨
	10 月 23 日	买入平仓	10845	100 手	
现货端	进入交割月前，该合作社已获得预期利润，进行平仓，并未收购现货进入交割环节				

（三）苹果冷库和收购商结合自身企业发展，可以利用期货进行分级销售，增厚利润

这种期现结合的模式需要以销售优质果为主的冷库企业和收购商，在收购苹果时降低标准，扩大收购量，如此可以降低货物总体采购成本，通过挑选质量较高的苹果继续进行高端品牌销售，剩余苹果挑选出符合交割标准的苹果进行期现操作，低于期货交割标准的苹果进行市场化处理。通过分级销售，可以实现优果优价，增加品质溢价，增加贸易利润。

同样对于以向东南亚等国家出口业务为主的企业也是如此，符合交割标准的进行期现操作，低于期货标准的苹果可对外出口。

（四）基差交易

企业和收购商通过基差交易，扩大贸易规模，在现货成本的基础上加上利润，通过向市场报价，客户点价成交（见图 6 - 1）。

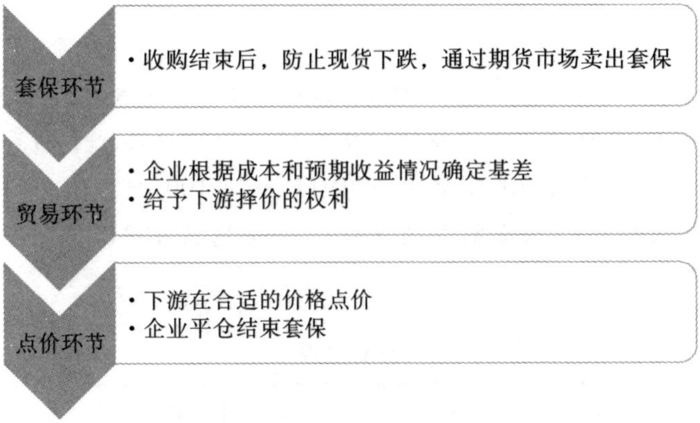

图 6-1　基差交易

延伸阅读

基差

基差，是指某一特定商品于某一特定时间和地点的现货价格与期货价格之差，即：

基差 = 现货价格 - 期货价格

若现货价格低于期货价格，基差为负值；现货价格高于期货价格，基差为正值。由于期货合约在到期时，现货价格与期货价格会趋于一致，而且基差呈现季节性变动，使套期保值者能够应用期货市场降低价格波动的风险。

延伸阅读

基差交易

基差交易，是指以某月份的期货价格为计价基础，以期货价格加上或减去买卖双方协定的基差来确定双方买卖现货商品的价格的交易方式。不管现货市场上的实际价格高低，只要协定的基差正好等于开始做套期保值时的基差，就能取得完全的保值效果。如果套期保值者能争取到一个更有利的基差，套期保值交易就能盈利。

案例6－5

2020年坐果期，期货价格大幅上涨到9000元/吨以上时，某山东企业对外通过基差的方式（期货±某价格）向外出售符合交割标准的现货，提前锁定销售价格。假设基差为－200，与客户签订采购合同的话，如果今年收购时交割标准的货源成本低于8800元/吨时，差价即为企业利润。甚至如果对方是投资公司，没有下游销售渠道，投资公司在获取期货利润后，可以将货源折价给企业，企业利润会再度扩大。

（五）创新模式的应用

1. 备兑卖涨，赚取冷库费

冷库和收购商可以备兑卖出看涨期权，赚取冷库费，这种策略是建立在预判未来期货不会出现大幅上涨的基础上。如果在操作时间内，预判正确，则可以赚取相应的权利金，用来抵冷库费支出。即使预判错误，可以获得高位卖出期货套保的机会。

小贴士

场外期权及卖出看涨期权的操作

区别于交易所辖下的标准化场内期权，场外期权市场的参与者可以因各自独特的需要，量身定做一份期权合约和拟定价格，然后通过场外期权经纪人寻找交易机会。

卖出看涨期权是一种经营策略（其损益变化如图6－2所示），若套期保值者预计相关商品的价格有可能小幅下跌，并预计不会出现大幅度上涨时，通过卖出看涨期权可以获得权利金收益，从而为现货交易起到保值的作用。当然，如果商品价格大幅度上涨，期货价格涨至看涨期权的执行价格以上时，套保者可能会面临期权买方要求履约的风险，会给交易者带来较大损失。因此，这种保值的操作需要谨慎。

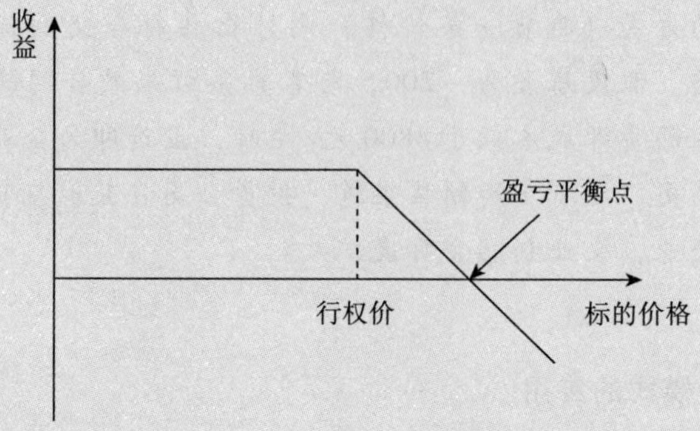

图 6－2　卖出看涨期权损益

案例 6－6

在期货价格为 7500 元/吨时卖出执行价格为 7800 元/吨的看涨期权：

- 当执行低于 7800 元/吨时，可以赚取保证金；
- 当价格高于 7800 元/吨时，期权需要赔付行权价格－7800 元/吨，但是可以在期货市场套保进行对冲。图示如图 6－3。

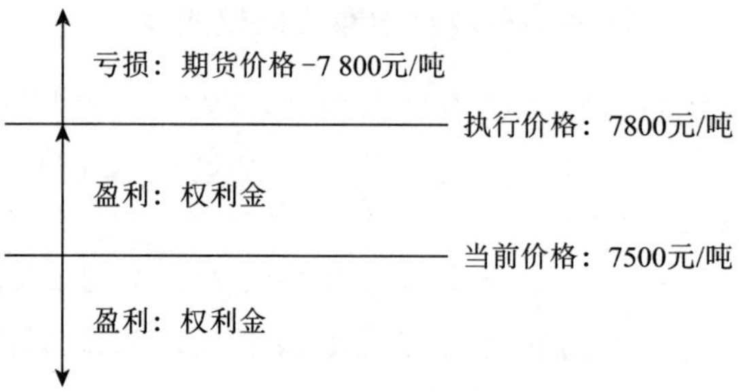

图 6－3　套保对冲

2. 苹果交割库企业合理运用厂库资质、降低企业成本

交割库套期保值更有优势：在套期保值方面交割库具有天然的优势，交割库企业可以申请套保额度，交割量可以做大，获取额外收益。

期货交割库可以注册标准仓单。标准仓单是指仓库或厂库按照交易所规定的程序提交仓单注册申请后，经交易所注册，可用于证明货主拥有实物或者可予提货的财产凭证。标准仓单分为仓库仓单和厂库仓单。标准仓单注册后有很多用途，可用于交割、转让仓单、充抵保证金（交仓单）、质押、注销等。

（1）仓单过户（转让）：标准仓单可以进行转让，买卖双方客户达成协议后，标准仓单的转让是指会员自行协商买卖标准仓单的行为。交易所审核后，为买卖双方会员办理标准仓单过户和货款结算划转等手续。

（2）仓单折抵：持有标准仓单的卖方会员向交易所提交折抵头寸申请征得同意，并在标准仓单移交到交易所后，与其所示数量相同的卖持仓交易保证金在结算时不再收取。

（3）仓单充抵保证金（交仓单）卖方客户将标准仓单交到交易所后，其对应的交割月份合约持仓的全额交易保证金在当天结算后予以清退，盈亏由卖方客户承担。

（4）仓单质押业务：持有标准仓单的客户，可以通过期货公司向交易所提出申请，将持有的标准仓单移交交易所占有，作为其履行保证金债务的担保。仓库仓单与厂库仓单只是注册环节不同，流通中的用途没有区别。

小贴士

仓单

仓单可分为注册仓单和非（未）注册仓单。当现货商把符合交割标准的货物交到交易所的交割仓库，交割仓库检验合格后，给货物持有人开具标准仓单，货物持有人可以拿标准仓单到交易所的交割部办理注册手续。根据规定，商品只有符合期货交割要求并经过检验注册入库才可以成为仓单，从而参与期货交易，而没有在交易所的交割部办理注册手续的仓单，即非（未）注册仓单不能进行交割，已注册的仓单在未进行交割前也可办理注册手续。

仓单质押是一种融资行为，目的是提高资金使用效率，所以企业可以合理运用厂库资质，降低企业的成本。

（1）利用期货市场标准仓单，在银行进行质押贷款。可以将企业持有的标准仓单通过交易所抵押给银行，由银行按照仓单价值的一定比例对货主进行贷款融资。2018年，通过郑州商品交易所在银行进行仓单质押贷款的数据为230手，折合460万元。

（2）利用期货市场的标准仓单，通过期货公司风险管理子公司、民间机构等进行仓单串换、仓单回购等进行融资。目前期货公司自发利用社交软件进行仓单信息发布，形成了场外的交易市场。以郑州商品交易所为例，2018年通过郑州商品交易所办理此类业务的交易量为428万手，累计帮助企业融资69亿元。

（3）利用期货标准仓单充抵及折抵保证金。充抵保证金是获得交易所提供的不高于仓单价值一定比例的保证金，是一种融资行为，可用于所有品种、所有合约的多空头持仓保证金。折抵保证金是将仓单抵押给交易所，借此释放与仓单品种及数量相同比例的近交割月空头保证金，是一种以仓单抵押而免收保证金的行为。以郑州商品交易所为例，截至2019年1月，郑州商品交易所冲抵保证金规模为2.3万手，折合资金规模32亿元；折抵保证金1.1万手，折合资金规模0.5亿元。

延伸阅读

向交易所申请标准仓单质押保证金业务

当前国内期货交易所普遍开展了标准仓单质押业务，规定持有标准仓单的会员或交易所认可的第三人可办理仓单质押，以该品种最近交割月份合约在其前一个月最后一个交易日的结算价为基准价计算其市值，质押金额不超过其市值的80%。

但这种业务具有一定的局限性：该业务以头寸形式释放相应的交易保证金，只能用于期货交易，相应的手续费、交割货款、债权和债务只能用货币资金结清；交易所按同期半年期贷款利率收取质押手续费，风险的承担者只有交易所，比较单一；仓单质押释放的交易头寸只能用于某交易所的期货交易，不能在整个期货市场流通；对某些套期保值者或现货购买商来说限制了其进一步购买现货的能力。

案例 6-7

陕西某苹果代加工企业，每年收购苹果超过 8000 吨，由于收购时大多采用现金结算，因此占用了企业大量资金，对企业资金周转造成一定的压力。苹果期货上市后，企业将 10 月收购的苹果存到苹果期货指定交割仓库，注册生成苹果期货仓单，之后与期货公司风险管理子公司合作进行仓单质押，按照 AP1905 合约 2018 年 11 月 1 日结算价 11776 元/吨的 80% 比例进行融资，融资利息 7.9%，为企业融资 1800 余万元，助力企业盘活库存，提高现金流动，进而扩大生产。

（4）厂库仓单融资。目前有 1000 吨信用仓单额度，按期货价格 8700 元计算，可开具 1000 × 8700 × 1.3 = 1131 万元的保函，参照郑州商品交易所仓单充抵保证金每次期限原则上最多不超过 6 个月的规定：

6 个月银行保函费用 = 1‰/季 × 2 季 × 1131 万元 = 2.262（万元）

按 80% 的质押率计算，可以获得 696 万元现金流，资金利息年化仅 0.65%。

三、苹果的下游企业如何通过期货化解采购中的风险？

苹果的下游企业主要是商场超市、批发市场等。作为苹果的下游企业，他们直接面对消费者，消费者最关心的是产品的价格，这就表明下游企业最核心的竞争力是苹果采购成本，但是苹果价格出现大幅波动时会使得商场超市和批发市场在购买苹果并销售的过程中面临较大价格风险。苹果期货上市后，商场超市、批发市场等企业可以合理利用苹果期货避免苹果价格波动给企业带来的风险。

（一）利用期货市场的价格发现功能为下游企业提供公开、透明的价格信息

苹果期货价格具有公开、权威、连续的特点，下游企业可以充分利用期

货市场的价格发现功能时刻关注现货价格的走势。企业在进行采购时以苹果期货价格作为指导，也可避免在现货购销中遇到一些定价不合理的现象。下游企业可以根据苹果期货价格的走势调整采购进度：在期货价格下跌时，企业可以暂时减少采购量，规避价格下跌的风险；在期货价格上涨时，企业可以预先增大采购量，规避价格上涨的风险。

小贴士

期货市场的价格发现功能

价格发现是期货市场上供需双方公开讨价还价，通过激烈竞争，使商品价格水平不断更新，并且不断向全世界传播，从而使该商品价格成为世界价格的过程。简单地说，价格发现就是发现竞争性价格、世界性价格的过程。与现货市场分散交易价格形成不同，期货市场能够形成一种比较成熟和优良的价格机制，这种机制近似于完全竞争市场，各地期货市场的竞争价格信息不断向全世界传播，相互影响，从而形成了世界性的竞争价格。

（二）利用期货市场套期保值功能锁定采购成本

商场超市、批发市场等下游企业每年需要大量采购苹果，而且每年的采购量基本稳定，所以在采购时需要特别关注苹果的价格。苹果期货未上市之前，下游企业传统方式是在现货市场采购苹果，从而可能存在一定风险。首先是资金风险，现货采购通常是货到付款的交易模式，当企业资金周转困难时可能力不从心。其次是信用风险，当下游企业签订了采购合同，但是苹果现货全面涨价，苹果售出方有可能违约，这样不仅给下游企业销售渠道造成重创，还使得企业面临资金风险。最后是采购货品质量面临风险，即现货采购时，可能苹果质量标准达不到合同规定的标准，这也是现货交易中常常遇到也很难避免的风险。

苹果期货上市后，苹果期货波动性很好地契合了下游企业的需求，企业可以用套期保值的功能锁定采购成本，从而达到锁定其生产经营成本的目的。

1. 提高资金的利用率

期货交易是保证金交易，具有较强的杠杆效应，苹果期货的最低交易保证金为合约价值的7%，这样可以利用较少的资金购买较多的现货，既节省了企业的库存资金，也可以大大提高了企业资金利用率。

2. 减少信用风险

期货交易所是由中国证监会监管、国家背书的正规交易平台，交易依法依规进行；交易的都是标准化的期货合约；买卖双方都需向交易所缴纳固定的保证金，以信用保证金作为担保履约进行期货交易。期货交易的规范化程度高，企业参与期货市场不用担心对手方违约。

3. 产品质量有保障

苹果期货合约是统一的、标准化的合约，明确规定了苹果的质量标准，而且质量由质检机构保证，从而保证了期货交割的质量。

4. 苹果期货流通性较好，交易活跃

苹果期货上市以来市场关注度较高，交易活跃，而且期货交易是众多参与者在交易所对标准化合约集中进行买卖的交易活动，买卖交易比现货市场更加容易成交。

自测题

一、填空题

1. 苹果是季产年销的生鲜品种，因此果农只能（　　）承受价格波动风险，主要原因是果农在市场上缺乏议价能力与竞争力。

2. 企业和政府的通过（　　）、（　　）与（　　）等模式应用服务于广大果农，保障农户收益稳定。

3. 期货套期保值是指把期货市场当作转移（　　）的场所。

4. 相对于期货套保而言，（　　）资金占用率比较低，头寸处置灵活等。

5. 苹果冷库结合自身企业发展，可以利用（　　）进行分级销售，增厚利润。

二、判断题

1. 我国苹果的主要生产者是广大果农。（　　）

2. 苹果期货有助于形成公开透明的苹果市场价格，为果农带来现货价格参考。（　　）

3. 期货套期保值的原理是同种商品的期货价格和现货价格随着期货合约到期日临近，两者趋于一致。（　　）

4. 收购商可以备兑看涨期权，赚取冷库费，这种策略是建立在预判未来期货出现大幅上涨的基础上。（　　）

5. 期货交易是保证金交易，杠杆效应较低。（　　）

三、单项选择题

1. 苹果期货的交易保证金为（　　）。

A. 5%　　B. 6%

C. 7%　　D. 8%

2. 冷库和收购商能够利用套期保值来回避现货价格（　　）的风险。

A. 上涨　　B. 下跌

C. 不变　　D. 以上都错

3. 企业可以利用期货市场的（　　）功能为下游企业提供公开、透明的价格信息。

A. 套利　　B. 价格发现

C. 套期保值　　D. 指数化组合

4. 下游企业可以根据苹果期货价格的走势来调整采购的进度，在期货价格（　　）时，企业可以暂时减少采购量，来规避价格下跌的风险。

A. 上涨　　B. 下跌

C. 不变　　D. 波动

5. 企业和收购商通过基差交易，扩大贸易规模，在现货成本的基础上（　　）利润，通过向市场报价，客户点价成交。

A. 加　　B. 减
C. 乘　　D. 除

四、不定项选择题

1. 标准仓单注册后的用途有（　　）。

A. 可用于交割　　B. 转让仓单
C. 充抵保证金（交仓单）　　D. 质押

2. 利用期货市场的标准仓单，可以通过（　　）等进行仓单串换、仓单回购等进行融资。

A. 期货公司　　B. 风险管理子公司
C. 期货公司风险管理子公司　　D. 民间机构

3. 苹果期货在未上市之前下游企业传统的方式是在现货市场采购苹果，可能存在的风险有（　　）。

A. 资金风险　　B. 信用风险
C. 质量风险　　D. 投机风险

4. 苹果期货价格形成了（　　）的特点。

A. 合理　　B. 权威
C. 连续　　D. 公开

5. 由于苹果价格波动剧烈，存在（　　）等现象，给果农带来了很大的损失。

A. 丰产不丰收　　B. 果贱伤农
C. 销售难　　D. 欺行霸市

参考答案

一、填空题

1. 被动　2. 保险+期货，期货+订单，保险+期权　3. 价格风险　4. 期权套保　5. 期货

二、判断题

1. 对 2. 对 3. 对 4. 错 5. 错

三、单项选择题

1. C 2. A 3. B 4. B 5. A

四、不定项选择题

1. ABCD 2. CD 3. ABC 4. BCD 5. ABC

第七章

苹果期货市场的投机与套利交易

本章要点

本章主要介绍普通投资者如何参与苹果期货交易。同时，介绍苹果期货基本面分析和技术面分析两种方法，介绍苹果基本面分析的重点和集中常用技术分析指标，并配合应用案例帮助读者理解投资交易的初步应用，并通过小贴士让读者扩充期货金融知识，帮助读者加深理解投资理念。

一、苹果期货投机需要注意哪些问题？

期货投机，是指在期货市场上采取“低买高卖”标准化期货合约的方式以获取价差收益为目的的交易行为。投资者参与期货市场是为了获取价差利润，他们的行为就是期货投机，俗称“投机者”。

投机者是期货市场的重要组成部分，在期货交易中发挥至关重要的作用，是期货市场必不可少的润滑剂。投机者参与期货交易有利于提高市场的流动性，主要是因为投机者频繁建立头寸和对冲，增加了期货市场的成交量，有利于产业套期保值进场，减少价格大幅的波动。同时，投机者又是套期保值者规避市场价格风险的风险承担者，使套期保值成功成为可能。但是，对于投机者来说，在期货交易过程中所承受的价格风险很大，同时期货市场又给投资者提供了机会。在风险与机会并存的市场中，投资者特别是初级投资者要想从中获得机会，避免风险发生甚至扩大，需要在交易过程中注意以下几个方面：

（一）了解期货及期货品种，熟悉交易规则

不打无准备之仗，方能立于不败之地。期货投资也是如此。要想在期货交易中长期获利，需要掌握的知识很多。初期投资者更是需要逐步了解期货，掌握期货知识。只有对期货的交易特点、期货的交易规则充分了解，对期货品种有深入认识，才可能在期货市场交易中获得成功的机会。如投资者想要进行苹果期货投资交易，在正式交易前需要了解苹果期货合约及其交易规则，掌握规则中重要的合约交易时间周期、合约价值和保证金收取比例等，对苹果基本面情况心中有数，才能有的放矢。

（二）要制定交易计划，有盈亏预期

投资者了解期货和交易规则后，就可以着手进行期货交易。不过在期货交易前，需要对自己投资的期货品种有一个明确的规划，即做一个交易计划，如要投资什么品种，投入多少资金，持仓比例最大控制在什么范围，盈利目标是多少，达到多少亏损额进行止损等等。计划各要素都必须在交易前有清晰的概念，做到知行合一方能提高交易获利的概率。

（三）控制风险，保障资金安全

期货交易是杠杆交易，其实就是以小博大，因为期货交易执行的是保证金制度，期货交易只需要用一定比例的保证金就能交易 100% 货值的期货合约，以至于期货呈现“高风险、高收益”的特点，即投资者在交易过程中

由于杠杆的原理特性放大了收益同时也加剧了风险。因此，在交易过程中，投资者首先要考虑的不是如何通过技术分析和基本面分析去判断价格的走势，而是需要考虑如何控制风险。只有保障了利润，控制了亏损，才能保障资金安全和资金的增长，在期货市场中长久生存。

二、参与苹果期货投机如何进行风险控制？

期货投机交易是以小博大。所谓的“小”指的就是风险控制，只有在有效控制风险的前提下，才有可能博到“大”的利润。因此，风险控制意识和行动应该自始至终贯穿于整个交易过程，任何时候，投资者都不能失去风险控制意识和对风险的控制能力，一旦失去对风险的控制就意味着投资交易有可能从盈利转向亏损，甚至扩大到爆仓的危险境地。因此，对于投资者来说，控制风险至关重要。合理利用期货的风险控制手段，把风险控制在可接受范围内，才能有效利用期货以小博大的投资优势。那么投资者如何进行风险控制来指导交易，促进交易成功？

（一）合理分配和使用资金

期货交易实行保证金制度，如果入市方向正确时，保证金交易的杠杆效应会提高交易者的盈利率；反之则会扩大、加剧投资者的损失。一些投资者或者初次交易参与期货交易的投资者交易时，喜欢把大部分资金投入交易，若价格走势和持仓方向相同，账户盈利迅速增加；但是若价格走势与持仓方向相反，则会给投资者带来巨大的资金损失风险。资金使用率若过高，在价格走势与持仓方向相反的情况下，交易所每日无负债结算制度将可能令投资者在当日结算后面临账户资金当日增减的情况，次日价格走势继续与持仓方向相反，则可能出现追加保证金或爆仓风险。因此，合理分配使用期货账户中的资金尤为重要。

一般情况下，使用资金的 1/3 为交易资金，2/3 资金为准备金，资金使用率不宜超过50%为佳。如果资金分配合理，交易使用资金比例较低，当价格与持仓方向相反时，亏损幅度相对较小，可进行止损操作观望等待行情明朗后再进行新的交易。

案例 7-1

合理分配使用资金，扩大盈利减少亏损

2018年11月底，某投资者判断苹果期货行情将会进入走跌态势，随即以12820元/吨的价格卖出10手苹果期货AP1905合约，占用保证金95360元（假设保证金为8%）。该投资者的账户初始资金为30万元，持仓资金占账户资金比例为34%。2019年12月中旬，期货价格继续下跌，该投资者又以11520元/吨的价格卖出5手AP1905合约，此时该投资者持有15手AP1905合约卖单，平均持仓12386.7元/吨，浮动盈利13万元，持仓保证金148640万元，持仓所用资金占比为43%。2020年1月14日，该投资者在10620元/吨全部平仓所有合约，共获利26.5万元。该投资者账户资金增至56.5万元。

2020年1月29日，苹果期货行情反弹，该投资者以11050元/吨的价格再次卖出5手AP1905合约；2020年2月11日，苹果期货大幅上涨至11150元/吨以上，该投资者以11150元/吨价格将5手苹果期货卖单平仓，平仓亏损5000元。

该投资者在盈利的时候，增加持仓加大盈利，在行情与持仓方向相反时，该投资者仓位小，没有给资金造成太大风险。

（二）要有严格止损的计划和手段

期货交易的保证金制度令期货投资交易呈现较大的杠杆效应，放大收益的同时也加剧了风险的到来。期货交易规则中的当日无负债结算制度和强行平仓制度令投资者不能像交易股票一样能够长期持有。因此，投资者在期货建仓前，就需要根据行情和自己的风险承受能力来制订交易计划，设定严格的止损条件和所要采取止损的手段措施。但止损是期货投资中最难执行的事

情，主要原因就是投资者普遍存在侥幸心理、不甘心、无所谓，甚至最后行情与持仓方向持续放大后，出现放弃止损、破罐子破摔的情况导致风险扩大直至爆仓风险的发生。因此，在交易前和交易过程中，要有严格止损的计划和止损手段去应对未知的风险。

当然，很多投资者做交易前也做了交易计划，但持仓出现亏损并且价格达到止损价位时，没能立即执行操作，以至于错过止损的最佳时机。非常手段止损是加强止损操作的关键，也是避免投资者存在侥幸心理的手段之一。这个手段就是提前设置止损单进行止损。现有交易软件升级，具备提前设置止损单进行止损的功能，属于被动止损的一个有效措施。另外，也有部分具有侥幸心理的投资者认为手动止损可以弥补或减少亏损，更愿意采用手动止损的方式进行，但也往往因为手动止损决心不足而错失止损最佳时机。手动止损要求投资者止损决心强而果断，这才能保证资金的安全。

因此，采取严格止损计划和必要手段是投资者在期货交易中获得成功所必须具备的首要技能。

案例 7 – 2

止损不力，加剧亏损的放大

2019 年国内苹果进入丰产年份，供应增加预期较为明显。2019 年国庆节后，苹果期货开始反弹，某投资者等待 1 个多月后，在 2019 年 11 月 14 日以 8150 元/吨的价格卖出 AP2001 合约 10 手，希望苹果价格继续下跌能够刷新国庆节前的低点。2019 年 11 月 19 日，AP2001 合约下破 8000 元/吨，最低价 7847 元/吨，当日收盘价 7973 元/吨，该投资者收盘已有浮动盈利 17.7 万元，他仍然坚信未来价格能够继续下破新低。随后期价再度反弹超过其入场价位时，该投资者觉得仍可以加仓，于是在 8250 元/吨时加仓 10 手，平均持仓成本 8200 元/吨，计划在 8300 元/吨时止损。随后几个交易日，苹果期货如期下跌，最低下破 8000 元/吨，至 7989 元/吨，盈利已达 40.2 万元。

2019 年 12 月 2 日，期价大幅上涨，收盘价已经超过其持仓成本，出现浮亏21点，然而该投资者仍然坚信增产年份下，苹果期货价格应该仍会下跌至新低，且未达到止损价位，所以未进行止损。12月4日，AP2001合约再度大幅上涨至8400元/吨以上，该投资者在8300元/吨时未果断按交易计划进行止损，而是心存侥幸，觉得可能差不多反弹到位，所以未止损而是继续观望。12月9日，苹果期货2001合约收长上影阴线，价格在8386元/吨，已经超过止损价位，但该投资者觉得长上影阴线了，持用空单应该没有问题，仍不止损。12月10日，AP2001合约再度上涨至8497元/吨，该投资者已经浮亏近300元/吨，总浮亏达到59.4万元，12月11日期价仍上冲至8500元/吨以上，该投资者不得已在8530元/吨高价平仓，亏损66万元。随后几天，AP2001合约仍继续上涨至8650元/吨以上。

（三）善于利用期货交易制度

期货市场和股票市场的交易制度差别较大，其中期货交易采取“T+0”交易制度，国内股票采取“T+1”交易制度。期货“T+0”双向交易制度是投资者可以在当天就当日新入场的期货持仓进行平仓操作，并且可以先买也可以先卖，当日可以进行无数个回合操作。股票的“T+1”交易制度是当日新买入进场的股票持仓必须等到下一个交易日才能卖出平仓操作。从这个交易制度来看，期货“T+0”双向交易制度更为灵活，更有利于投资者把控短线风险，避免当日持仓带来的反向运行风险的发生。

例如投资者在操作期货交易时，发现行情突变，可在收盘前对把握不好或者仓位较重的不盈利持仓进行平仓操作，避免反向持仓亏损的发生，同时也避免隔夜持仓反向运行风险发生。因此，灵活的利用期货的“T+0”交易制度可以有效进行风险控制。

小贴士

期货“T+0”交易制度

“T+0”交易制度是一种证券（或期货）交易制度。凡在证券（或期货）成交当天办理好证券（或期货）和价款清算交割手续的交易制度，就称为“T+0”交易。期货“T+0”交易制度在国内期货市场发展中具有较大的促进期货市场发展的作用。当然，该制度也有一定的弊端。

促进作用表现在：

一是期货“T+0”交易制度有利于增强投机性，投机机会增多是非常适合短线投机客的操作。

二是由于当日可无数次来回操作，可以增加同一笔资金的流动速度和成交量，充分活跃市场。

三是期货“T+0”交易制度有利于增加投机客数量，转嫁现货商的风险。

四是期货“T+0”交易制度提高当日风险可控程度，利于投机客快速止盈止损。

期货“T+0”交易制度的弊端在于日内投机买卖次数增多，交易费用大幅增加，增加投机者交易成本和频繁交易同一笔资金，增加了亏损的可能，加大投资风险。

三、如何依据苹果的基本面参与苹果期货交易?

商品期货的交易中，判断行情的依据主要来自两个方面，分别是基本面分析和技术面分析。基本面的变化是影响期货价格走势的主要因素，在一定时期内，基本面的变化常常给期货价格带来很大影响。因此，期货市场上的投机交易中，对基本面知识的掌握和商品基本面的变化的把握往往是投资者判断价格行情的重要依据。

苹果期货的基本面因素错综复杂，涉及的面不仅包括天气、产量、消费替代，还有政策、经济等。不同的基本面情况，对期货价格的影响作用差异较大，影响的时间持续性也不同。在当今信息瞬息万变的时代，投资者需要认真、审慎度量基本面信息的变化和影响力，通过客观的分析和对有用信息的甄别利用，才能在期货投资中获得较好的投资效果。

（一）苹果期货价格的长期走势由供求关系主导

一定时期内，商品的供应和需求之间是相互联系、相互制约的，供求关系变化决定了该商品现货、期货价格的运行方向，是商品价格长期走势的主导因素。一般来说，当市场供大于求时，商品价格倾向于下跌；当供小于求时，商品价格倾向于上涨。当然这也是限定在一定的区域中进行的。如中国境内，苹果的供求关系就仅影响中国境内的苹果价格。供应由当期产量、上期结存、进口决定，需求受到消费能力、替代品的替代以及出口等因素影响。

投资者在投资苹果期货的过程中，就必须把握好苹果的供求关系，确定供求关系的天平如何倾斜，再制订期货交易计划，明确交易入场点和出场点和交易过程中的风险控制点。

（二）苹果期货价格的中期走势需要关注季节性特征

供求关系主导商品价格长期走势，但是在这个长期的走势过程中，价格的运行轨迹往往又受到不同因素的影响，形成一个中期走势。在这个中期走势中，农产品的季节性因素是关键。农产品的共同特征就是受作物生长的周期性影响，农产品的春播、夏长、秋收的季节性周期变化，改变了中短期内的商品供需预期关系。因此，关注季节性特征是做好商品期货中期行情的关键。

常规来说，苹果的季节性特征表现在春季苹果树开花挂果的多寡会影响未来整年的苹果产量供应。因此，春季即 4 月前后是天气最为敏感的时期。若出现倒春寒，不利天气会影响苹果树开花挂果量，未来苹果产量供应将会减少，有利于苹果价格的上涨。如 2018 年 4 月，苹果开花挂果期就遭遇严重倒春寒，产量下降近 30%，以至于 4 月以后苹果价格暴涨。另外，新苹果下树一般在 8 月至 10 月期间，苹果收获的季节一般供应陆续增加，不利于苹果价格的上涨，一般在此阶段，苹果价格均会形成阶段性下跌走势。因此，投资者进行苹果期货交易时，需要注意苹果生长周期的季节性特征，因为季节性特征会改变中短期的供需结构进而改变苹果期货价格的走势。

（三）替代性商品是影响苹果期货价格重要因素

替代品指能带给消费者近似的满足度的几种商品间具有能够相互替代的性质。若 A 商品价格上升，则顾客就会寻求相较于 A 商品便宜的，并且能带来相似满足度的 B 商品。苹果是生鲜食用水果，在现实的生活中，所有生鲜食用的水果都可能成为苹果的替代品。如梨、香蕉、柑橘类、西瓜、葡萄。分别来看：

• 西瓜、葡萄作为时令水果，在价格上呈现较大的波动，在反季节时溢价较高而丰收季节价格较低，一般来说冬季西瓜、葡萄价格较高，市场供应量少，市场走货速度慢，对苹果替代作用不大。到次年五六月份西瓜大量上市，在水果行业里有句话叫作"西瓜是孬种，下来啥都顶"，每年 5 月至 7 月西瓜上市对其他水果具有一定替代作用。

• 梨方面，梨的耐储性、上市周期与苹果基本一致，具有较强的替代性。2018/2019 年产季由于受灾减产严重，旧季梨与旧季苹果成为水果中的双子星，价格一路飙升，屡创新高。

• 香蕉方面，广东、广西、福建产区香蕉的上市日期为 8～12 月，云南、老挝、缅甸产区香蕉的上市日期是 1～5 月，这两个片区香蕉上市对苹果有一定的替代作用。

• 柑橘类，全国柑橘总产量超过苹果，种类繁多，上市时间几乎全覆盖，对苹果替代性较强的是冬季的砂糖橘和脐橙，由于量大、口感较好、价格优，现在已经成为苹果冬季主要的竞品。从上市日期与价格波动的相关性来讲，以上几种水果对苹果存在不同程度的替代性，其中梨、砂糖橘、西瓜对于苹果的替代性稍强。从本质上看，各类水果之间有着较大区别，不存在绝对性的替代。2019/2020 年产季新果上市之前，时令水果为抢占市场份额。会以较低价格、新鲜度抢占水果市场，可能会拉低苹果价格；新果上市后，对于苹果说替代作用较大的是梨、柑橘类水果，而香蕉、葡萄等水果替代性不强。因此，商品替代性消费是影响苹果的重要因素，投资者在投资交易的过程中需要关注这类信息，有助于交易的判断。

小贴士

替代商品

替代商品：两种商品因为功能相似而可以互相代替满足消费者的同一种欲望或需求，即市场对于一种商品P与另一种商品Q的需求呈反方向变动。在消费者的爱好、货币收入和其他商品价格保持不变的情况下，如果商品甲的价格下降造成对商品乙需求的下降，那么商品甲和商品乙是互相竞争的商品或相互替代的商品。如A产品需求量的上升会导致B产品需求量的下降；反之亦然，则A产品与B产品互为替代品。

（四）突发事件会加大苹果期货价格的波动

商品价格在运行的过程中受到多种因素共同影响，供求关系影响商品价格在较长一段时间内的方向，而季节性因素则会影响商品特别是农产品价格中期的走势。突发事件会引发商品价格在短时间内产生剧烈波动。通常突发事件出现时，信息较为集中，热搜度较高，事件发酵较为剧烈，持续的时间短3~5天即结束，长则也不过几个星期。此时，投资者若把握不好节奏，可能会陷入“追涨杀跌”的被动局面当中，进而加大商品期货价格的波动。

影响苹果期货价格的突发事件主要有自然灾害、流行疾病或者替代商品出现异常供给，还有进口或者出口政策突然改变等等。例如2020年2月开始全球暴发新冠肺炎疫情公共事件，商品整体均遭遇重挫，苹果期货未能幸免。2月底至3月中旬，苹果期货从7200元/吨上方急剧下降至6300元/吨一线，下跌近1000点，跌幅将近15%。2020年4月，异常的天气影响，天气题材炒作国内苹果产量下降，苹果期货在4月22日至4月28日4个交易日内则大幅上涨1500多点，最高低点幅度达20%。因此，突发事件给期货价格带来短时巨大波动，是投资交易过程中需要注意的基本面影响因素。

基本面分析是主观性较弱的具有逻辑性、科学性、可见性、理性结论的分析方法，最终需要未来行情走势来证明分析结果正确与否。不过基本面分析存在较多不足，主要的不足点在于面临分析的信息来源渠道多、质量差异大，需要投资者具有很好的信息甄别分析能力才能作出正确判断。因此，通过基本面分析进行交易的投资者，所要具备的产业知识和获取知识的渠道要求较高。

四、如何依据苹果的技术面参与苹果期货交易？

（一）什么是技术分析

技术分析是指以市场行为为研究对象，以判断市场趋势并跟随趋势的周期性变化进行交易决策的方法的总和。所有的技术分析都是建立在三大假设之上的：

（1）市场行为包容消化一切影响价格的任何因素，基本面、政治因素、心理因素等等因素都要最终通过买卖反映在价格中，也就是价格变化反映供求关系，供求关系决定价格变化。

（2）价格以趋势方式演变。对于已经形成的趋势来讲，通常是沿现存趋势继续演变。

（3）历史会重演。技术分析和市场行为学与人类心理学有一定关系，价格形态通过特定的图表表示了人们对某市场看好或看淡的心理。

技术分析认为，只要关注价格趋势的变化及成交量的变化就可以找到盈利的线索。技术分析的目的不是为了跟庄。技术分析的目的是为了寻找买入、卖出、止损信号，并通过资金管理达到稳定获利。

（二）技术分析的优缺点

技术分析具备全面、直接、准确、可操作性强、适用范围广等显著特点。与基本分析相比，技术分析进行交易见效快，获得利益的周期短。此外，技术分析对市场的反应比较直接，分析的结果也更接近实际市场的局部现象。技术分析具有以下三个显著特点：

1. 直观的特点

由于技术分析是以技术图表为主要工具的，因此，可以非常直观地表现出价格的变化，可以客观地揭示出目前价格的运动方向。

2. 追逐趋势的特点

技术分析的基础理论是道氏理论，而道氏理论最为人们所诟病的是其滞后性。其实，技术分析的滞后性，正是技术分析的一个重要特点。技术分析不是以创造趋势、引导趋势为目标，技术分析最重要的任务是追逐趋势。因此，在原有的趋势还没有结束之前，投资者需要顺势交易，坚决不要逆势操作。同样，在新趋势出现后，就应该及时改变策略和立场，顺应新的趋势方向交易，不可固守原来的观点和交易方向。

3. 量化指标的特点

技术分析的这一特点，是基本面分析无法替代的，即技术分析可以准确地确定交易中每个环节的操作时机，界定出一个准确的价格或者价格区间。约翰·墨菲的《期货市场技术分析》一书中反复提及“时间抉择是期货交易成败的关键”。期货市场的特点，决定了交易时机突出的重要地位，也决定了交易策略的重要性。而完整的交易策略，离不开止损的设置与止盈的计划，这正是借助技术分析的量化特点才能得以很好地完成。

（三）技术分析的核心是趋势分析

1. 趋势的定义

简单地说，趋势就是价格的波动方向，或者说是市场运动的方向。技术分析的三大假设中的第二条（价格沿趋势移动）明确说明价格的变化是有趋势的，没有特别的理由，价格将沿着这个趋势继续运动。这一点说明，“趋势”这个概念在技术分析中占有很重要的地位，是投资者应该注意的核心问题。一般来说，市场变动不是朝一个方向直来直去，中间肯定要有曲折，从图形上看就是一条曲折蜿蜒的折线，折点处就形成峰或谷。由这些峰和谷的相对高度，投资者可以看出趋势的方向。

2. 趋势的方向

趋势的方向有三个：上升方向、下降方向、水平方向，也就是无趋势方向。上升趋势最明显的特征是一峰比一峰高，而下降趋势最明显的特征是一谷比一谷低，而当股价在一定区域内横盘整理时即称为水平趋势或无趋势。一般来说，股价盘整是在等待或选择下一步的运动方向。

（1）上升趋势见图7－1。

图7－1　苹果主力合约的上升趋势

资料来源：博易大师

（2）下降趋势见图7－2。

图7－2　苹果主力合约的下降趋势

资料来源：博易大师

（3）横向趋势或无趋势见图 7－3。

图 7－3　苹果主力合约的横向趋势（或无趋势）

资料来源：博易大师

3. 趋势的种类

按道氏理论的分类，趋势包括主要趋势、次要趋势、短暂趋势。

（1）主要趋势。道氏理论最关心的是主要趋势，主要趋势是大规模的、总体的上下运动，通常持续时间较长。只要每一个后续价位弹升比前一个价位弹升到一个更高的水平，而没有一个价位的回撤低点（即价格从上至下的趋势反弹）比上一个价位回撤点高，这一大趋势就是上升趋势，就是牛市。反之，大趋势则是下降趋势，也就是熊市。投资者应顺应市场的主要方向。主要趋势是长线投资者真正关心的趋势，目的是尽可能在一个牛市初期买入，然后一直持股直到牛市终止。这期间可以忽略各种次等的回撤和小幅波动。如图 7－1 的上升趋势、图 7－2 的下降趋势。

（2）次要趋势。次要趋势是对主要趋势的修正与调整运动，表现为上升过程中的回落和下跌过程中的回升，持续时间一般为数日到数周不等，幅度一般在主要趋势幅度的 50% 以内；它们可以是在一个牛市中发生的中等规模的下跌或“回调”，也可以是在一个熊市中发生的中等规模的上涨或“反弹”。在一轮大规模的趋势运动中的次要趋势，除了表现为上升趋势中的“回调”

或下跌趋势中的“反弹”，有时还表现为一种在某一段时间内界定价格上下变化范围的水平直线。如图 7-4 中的 A、B 即为上升趋势中的次要趋势。

图 7-4　苹果期货主力的次要趋势

资料来源：博易大师

（3）短暂趋势。短暂趋势也称为日常波动，是非常短暂的、价格波动较小的趋势，由于股价日常波动的偶然性较大，所以短暂趋势对于次要趋势和主要趋势的影响不大，通常持续时间在 3 周以内。短暂趋势是上述三种趋势中唯一可被人为操纵的趋势。

（四）常用的技术分析类型

1. 指标类

指标类是根据价和量的历史数据，通过建立一个数学模型，得到一个体现金融市场的某个方面的指标值。指标反映的内容大多是无法从行情报表中直接看到的，它可为我们的操作行为提供指导方向，常见的指标有相对强弱指标（RSI）、随机指标（KDJ）、趋向指标（DMI）、平滑异同移动平均线（MACD）、乖离率（BIAS）等。如图 7-5 所示，在流畅的上升趋势时，KDJ、RSI、MACD 等指标也呈现上升态势，而当期货价格创出新高时，RSI、KDJ 和 MACD 等指标却没有创出新高，出现了顶背离，预示着市场或即将触顶。而当期货价格在调整阶段时，指标值走低幅度明显低于期货价格调整幅度，此时是跟随主要趋势较好的入场时机。

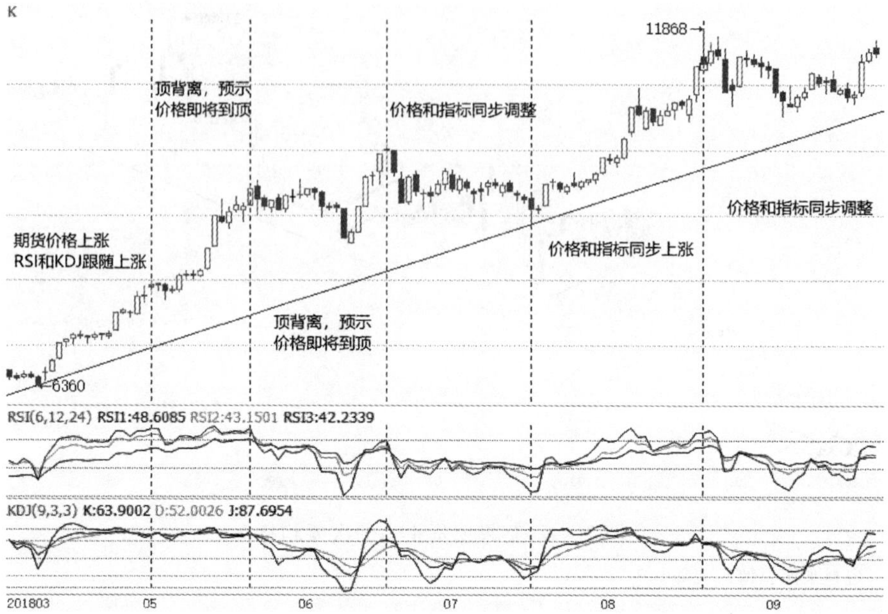

图 7－5 苹果期货主力上升趋势时的技术指标

资料来源：博易大师

2. 切线类

切线类是按一定方法和原则，在根据价格数据描绘的图表中画出一些直线，然后根据这些直线的情况推测价格的未来趋势，为操作提供参考。这些直线就叫“切线”。常见的切线有趋势线、轨道线、黄金分割线、甘特线、角度线等。如图 7－6 所示，AP2010 合约在短暂的天气炒作之后连续下跌，形成一个窄幅的下跌通道。下跌通道线至少由三个点构成，可以指示市场的运动方向和波动区间。突破上轨预示着市场极有可能转势，突破下轨表明市场跌势加速，市场加速即将见底。

3. 价格形态类

形态分析是技术分析领域中比较简明实用的分析方法。价格形态有两种主要的分类：反转形态和中继形态。

图7-6　苹果期货主力的下降通道线

资料来源：博易大师

反转形态，意味着趋势正在发生重要反转（见图7-7）；中继形态显示市场很可能仅仅是暂时的休整，处于市场趋势中的调整阶段，形态完成后市场将继续延续当前趋势发展（见图7-8）。

图7-7　反转形态：下降三角形

资料来源：博易大师

图 7-8　中继形态：矩形形态

资料来源：博易大师

交易量在所有价格形态中，都起到重要的验证作用。在形势不明时，研究与价格数据伴生的交易量形态，是判断当前价格形态是否可靠的决定性办法。

绝大多数价格形态各有其具体的测算技术，可以确定出最小价格目标。这些目标仅仅是对下一步市场运动的大致估算，有助于交易者确定其报酬—风险比。持续型形态，包括三角形、旗形和三角旗形、楔形以及矩形。

五、如何运用套利操作参与苹果期货交易?

(一) 套利交易

套利交易，是指利用相关市场或相关合约之间的价差变化，在相关市场或相关合约上进行交易方向相反的交易，以期望价差发生变化而获利的交易行为。

套利交易既可以是同一期货品种的不同交割月份，也可以是相互关联的两种不同商品的合约，还可以是不同期货市场的同种商品合约。主要的套利模式有跨期套利、跨商品套利和跨市套利三种。

1. 跨期套利。

跨期套利是买卖同一市场同种商品不同到期月份的期货合约，利用不同到期月份合约的价差变动来获利的套利模式。

2. 跨品种套利

跨品种套利是利用两种不同但相互关联的商品之间的价格变动进行套期以获利，即买入某种商品某一月份期货合约的同时卖出另一相互关联商品相近交割月份期货合约。

3. 跨市场套利

跨市场套利是在某一期货市场买入某一月份商品期货合约的同时在另一市场卖出同种合约。

小贴士

郑州商品交易所套利交易介绍

郑州商品交易所针对套利交易设计了专门的套利指令，投资者可以直接通过套利指令下单来构建套利组合。套利指令的两个好处：盘中实时保证金优惠以及确保以指定价差成交。

1. 盘中实时保证金优惠

郑州商品交易所规定套利交易的保证金只收两个保证金中较高的一个。通过套利指令下的套利单，交易所将在盘中实时优惠仅收取保证金较大的一边。如果是通过普通下单功能自行组合的套利单，交易所不会自动认定，需当日结算前通过期货公司申请套利保证金优惠。

2. 确保以指定价差成交

交易所在撮合标准套利指令时，通过算法确保了当且仅当双腿合约价差等于或优于客户指定的价差时才能成交，且双腿合约同时成交，不会出现只成交一腿合约的情况。

（二）套利交易的主要特点

与通常的投机交易相比，套利交易具有以下特点：

1. 风险相对较低

不同期货合约的价差变化远不如绝对价格水平变化剧烈，相应地降低了风险，尤其是回避了突发事件对盘面冲击的风险。由于双边持仓，主力机构很难逼迫套利交易者斩仓出局。

2. 资金容量相对较大

套利交易本身需要大量资金，所以能够吸引大资金进场交易。

3. 交易的稳定性较强

套利交易的收益不像单边投机那样大起大落，同时由于套利交易是利用市场上不合理的价差关系进行操作，而多数情况下不合理的价差很快就会恢复正常，因此套利交易有较高的成功率。

（三）苹果期货的套利交易的案例

在期货市场中，同一期货品种不同合约间的价格变动既有趋同性又有差异性。

- 趋同性，指的是各合约价格均受相同市场因素的影响；
- 差异性，指的是可能因季节性因素、现货近远期供求预期及人为因素等影响，使得各合约间的价差在某时间阶段内出现强弱分化，超出了各合约间的正常价差。

小贴士

郑州商品交易所套利交易指令

郑州商品交易所用“SPD”表示跨期套利交易，用“IPS”表示跨品种套利交易。

例如买入“SPD AP010&AP101”即代表买入“AP010”合约同时卖

出“AP101”合约，买卖数量相等；若卖出“SPD AP010&AP101”即代表卖出“AP010”合约同时买进“AP101”合约，买卖数量相等。

例如若买入“IPS SF809&SM809”即代表买入“SF809”合约同时卖出“SM809”合约，买卖数量相等；若卖出“IPS SF809&SM809”即代表卖出“SF809”合约同时买进“SM809”合约，买卖数量相等。

合约间的正常价差是指市场处于理性状态下出现的合理价格差异，其中包括仓储费用、资金利息、增值税等。由于持仓费用的存在使得在正常情况下远期合约高于近期合约，当近月、远月合约的价差大于两个合约间的持仓成本时，理论上则为投资者提供了获取稳定价差收益的套利机会（见图7-9）。

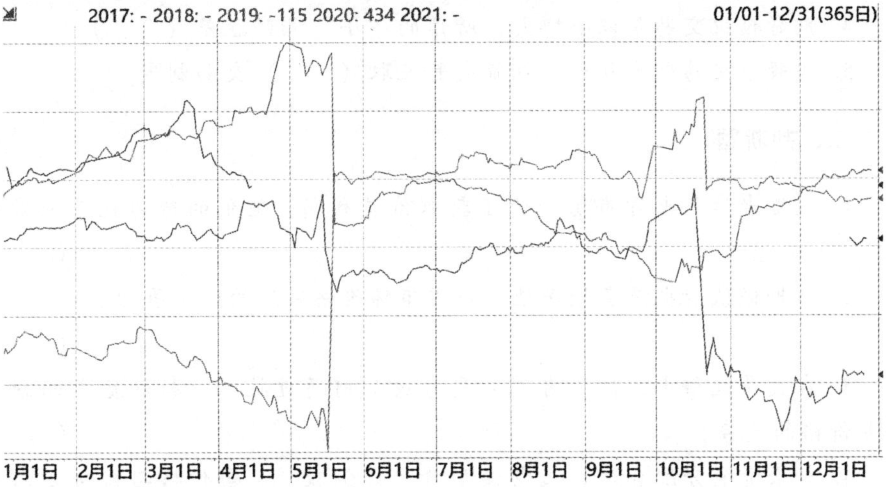

图7-9　苹果期货跨期套利

资料来源：Wind资讯

但由于政策、交易所的规则、细则及期货转现货方面的问题，无风险套利也并非完全没有风险，在实际操作中投资者需熟悉交易所的制度，最大限度上地减少风险，提高套利的成功率。

自测题

一、填空题

1. 期货投机是指在期货市场上采取（　　）标准化期货合约的方式获取价差收益为目的的交易行为。

2. 投机者参与期货交易有利于提高市场的（　　）。

3. 由于期货交易的（　　）制度，以至于期货呈现“高风险、高收益”的特点。

4. 期货投机交易是以小博大，所谓的“小”指的就是（　　）。

5. 与股票交易制度相比，期货交易采取（　　）交易制度。

二、判断题

1. 投资者参与期货市场是为了获取价差利润，他们的行为就是期货投机。（　　）

2. 套期保值者也是套期保值者规避市场价格风险的风险承担者。（　　）

3. 在交易过程中，投资者首先要考虑如何通过技术分析和基本面分析判断价格的走势。（　　）

4. 如果资金分配合理，交易使用资金比例较低，当价格与持仓方向相反时，亏损幅度相对较小。（　　）

5. 期货合约可以像交易股票一样长期持有。（　　）

三、单项选择题

1. 一般情况下，期货交易中资金使用率不宜超过（　　）为佳。

A. 40%　　B. 50%

C. 60%　　D. 80%

2. 在苹果价格的中期走势中，（　　）因素是关键。

A. 供给　　B. 需求

C. 季节性　　D. 宏观

3. 常规来说，苹果的季节性特征表现在（　　）苹果树开花挂果的多寡会影响未来整年的苹果产量供应。

A. 春季　　B. 夏季

C. 秋季　　D. 冬季

4. 若夏季西瓜受天气影响产量锐减，价格抬升也会影响苹果价格维持（　　）态势。

A. 偏低　　B. 偏高

C. 不变　　D. 无影响

5. 技术分析认为只要关注（　　）的变化及成交量的变化就可以找到盈利的线索。

A. 供求关系　　B. 宏观政策

C. 价格趋势　　D. 突发事件

四、不定项选择题

1. 苹果供应由（　　）、（　　）和（　　）决定。

A. 出口量　　B. 进口量

C. 当期产量　　D. 上期结存

2. 按道氏理论的分类，趋势包括（　　）、（　　）和（　　）。

A. 主要趋势　　B. 整体趋势

C. 次要趋势　　D. 短暂趋势

3. 常见的切线有（　　）、（　　）黄金分割线、甘特线、角度线等。

A. 趋势线　　B. 轨道线

C. 平滑线　　D. 曲折线

4. 在期货市场中，同一期货品种不同合约间的价格变动既有（　　）又有（　　）。

A. 趋同性　　B. 差异性

C. 相似性　　D. 类比性

5. 趋势就是价格的波动方向，趋势的方向有三个：（　　）、（　　）

和（　　）。

A. 上升方向　　B. 下降方向

C. 逆转方向　　D. 水平方向

参考答案

一、填空题

1. 低买高卖　2. 流动性　3. 保证金　4. 风险控制　5. T+0

二、判断题

1. 对　2. 错　3. 错　4. 对　5. 错

三、单项选择题

1. B　2. C　3. A　4. B　5. C

四、不定项选择题

1. BCD　2. ACD　3. AB　4. AB　5. ABD

参考资料

1. 王宇霖编著:《苹果栽培学》, 科学出版社 2011 年版。

2. 丛佩华主编:《中国苹果品种》, 中国农业出版社 2015 年版。

3. 魏小娟: “苹果套袋注意七要点”, 山东科技报, 2020 - 06 - 05 (002)。

4. 苏青青: “富士苹果贮藏期间果实品质的研究”, 西北农林科技大学, 2014。

后 记

本书是专为期货投资者编写的一本普及性读物，适合于苹果产业链企业和普通投资者阅读。

本书注意实用性、趣味性，以通俗易懂的语言、鲜明生动的案例将理论知识简单化，避免了理论知识阐述过程中的呆板僵硬。对苹果企业而言，本书具有指导实务操作的作用，书中包含了大量套期保值、套利、风险管理的应用型案例，对企业应用苹果期货有一定借鉴意义。对于普通投资者而言，本书通过一问一答的形式，由浅入深地剖析苹果市场的基本面和技术面，有助于投资者快速了解苹果及苹果市场。

与证券、债券等金融工具相比，期货作为风险管理工具，专业性强、杠杆率高、风险大，这在客观上要求投资者具备一定的专业投资知识、经济实力以及风险承受能力。

“期市有风险，入市需谨慎！”

本书由于篇幅限制，无法尽述相关实体企业及投资者在期货市场上可能面临的所有具体情况，不管是实体企业还是普通投资者，参与到期货市场中，都务必结合自身需求，制定科学合理的交易策略。企业参与套期保值要避免变成投机，普通投资者要严格评估自身能力，尽可能地熟悉并掌握交易品种的市场特点及操作技巧，并严格控制交易规模，避免遭受不必要的损失。

作为《期货投资者教育系列丛书》之一，本书由中国期货业协会组织编写，鲁证期货股份有限公司孟宪强、刘光春、梁作盼、侯广铭、陈乔、赵擎、巩力赫承担了本书的具体编写任务。郑州商品交易所对本书书稿进行了审阅并提出了宝贵建议。

本书在编写过程中还得到了中国证监会投资者保护局和期货部、郑州商品交易所和鲁证期货股份有限公司领导的指导和帮助，在此表示衷心的感谢！书中的错误之处，敬请批评指正。

中国期货业协会

《期货投资者教育系列丛书》编委会

2021 年 5 月